Sopas
frías y calientes

Mariona Quadrada y Josep Borrell Garciapons

Sopas
frías y calientes

Editado con la colaboración
del Institut Català de les Indústries Culturals

Generalitat de Catalunya
Institut Català
de les Indústries Culturals

Primera edición
Octubre del 2011

C. de la Violeta, 6 • 43800 Valls
Tel.: 977 602 591 • Fax: 977 614 357
lectio@lectio.es
www.lectio.es

Diseño y composición
Imatge-9, SL

Impresión
Formes Gràfiques Valls, SA

ISBN
978-84-15088-02-8

Depósito legal
T-1.164-2011

Los autores

Mariona Quadrada

Mariona Quadrada (Reus, 1956) se licenció en filología catalana en el año 1979 por la Universidad de Barcelona. En 1984 creó la escuela de cocina Taller de Cuina Mariona Quadrada, en Reus, y desde entonces se dedica a la docencia culinaria. En el año 1996 presentó la ponencia "El paisatge de secà" en el transcurso del Segon Congrés Català de la Cuina. Ha publicado más de cuarenta libros de cocina, ha participado en diversos proyectos para instituciones, programas de radio, televisión y escribe artículos para varias publicaciones. Actualmente continúa con su tarea culinario-educativa y sigue plasmando sus experiencias en libros como éste.

Josep Borrell Garciapons

Josep Borrell cursó estudios de arquitectura. Estudió diseño y fotografía en la escuela Eina. Amplió su formación de técnicas fotográficas en Barcelona y Suiza. Se ha encargado de la ilustración fotográfica de once libros de guías, literatura, arte y gastronomía. Ha publicado fotografías en portadas de revistas de arquitectura, fotografía y moda, y ha ilustrado, también, catálogos de arte. Su obra ha sido expuesta en Reus, Tarragona, Barcelona y Palma, y ha llevado a cabo reportajes fotográficos en 31 países.

Índice de recetas

Sopas frías y calientes

Introducción

LAS PALABRAS

En la actualidad, y de manera generalizada, entendemos que la palabra *sopa* se refiere a todos aquellos platos que, con un porcentaje elevado de líquido y con más o menos cuerpos sólidos flotantes o sumergidos, se comen con cuchara. Así, una palabra que etimológicamente explicaba un solo concepto concreto, en este caso 'pedazo de pan empapado de líquido', del germánico *Suppa*, ha pasado a lo largo del tiempo a acaparar varios significados. Actualmente no sólo entendemos por *sopas* aquellas en las que interviene el pan, sino todo tipo de purés, sopas de verduras vistas, sopas a base de caldo, de arroz, de pasta, de legumbres, etc. En cualquier caso, la lengua catalana distingue esta palabra de otra muy conocida, *escudella*.

En principio, *escudella* es un recipiente de cerámica o tarrina que recoge el líquido que llamamos *sopa*. Hoy, y desde antiguo, esta palabra se utiliza para referirse específicamente a un tipo de sopas en todas sus variantes: a aquellas que contienen un caldo y se completan con las mismas carnes y verduras dentro o comidas por separado, podríamos llamarlas *cocidos*.

Así, el término *sopa* se ha convertido en un genérico y la palabra *escudella*, después de desplazarse de su lugar originario, de particular a general, se ha convertido en un específico.

Por extensión, llamamos *gazpacho* a un tipo de sopas frías compuestas fundamentalmente por ajo, aceite, vinagre, pan y otros productos vegetales como cebollas, pimientos, pepinos y, sobre todo, tomates, de origen andaluz.

Aquí entenderemos este término para determinar también ciertas sopas frías que, sin ser propiamente gazpachos tradicionales, tienen una estructura similar.

Por *crema* entenderemos una sopa más o menos espesada, a partir de un farináceo, a la que se pueden añadir guarniciones distintas y que puede tener aplicaciones en frío o en caliente.

SITUACIÓN HISTÓRICA

Si tuviéramos que decir cuál es el plato más universal, general y remoto de todos los que existen en las diferentes culturas del mundo, deberíamos concluir que es la sopa, la sopa

entendida como un líquido aromatizado que incluye diferentes productos. Seguramente por estas mismas características, ha sufrido una evolución que la ha diversificado, por lo que tenemos desde los ejemplos de sopas dulces de la Edad Media hasta las de los siglos XVIII-XIX, de las que todavía quedan restos en algún ejemplo tradicional, o las sopas de influencia extranjera, como las cremas y las frías, más modernas.

Los gazpachos tienen un papel estrella en la cocina que caracteriza el sur de la Península Ibérica, entre Andalucía y Extremadura. Forman parte de una cocina de tradición ancestral, heredera de la huella árabe evidente en estas tierras. No hablamos ahora de los gazpachos manchegos o murcianos, que no tienen nada que ver con éstos ni en la forma ni en el contenido, más parecidos a lo que entenderíamos por *sopas* o *calderetas*.

Hoy, estos platos, tanto los más fieles a los orígenes como los más nuevos inspirados en éstos, disfrutan de un lugar privilegiado tanto en la cocina de casa como en el restaurante y, por supuesto, mucho más allá de las fronteras que les eran propias.

Las cremas, tal como las entendemos hoy, son platos muy jóvenes dentro de nuestros hábitos. En todo caso, las entendemos como derivaciones de los conocidos *purés* o las más antiguas y perdidas *papillas*. En las casas han entrado por la puerta del restaurante, que, desde hace unos años, las ha explotado, sobre todo cuando se trata de menús para banquetes. Las que se comen frías son aún de arraigo más nuevo, si cabe.

SITUACIÓN ESTACIONAL

Diríamos que, según el gusto de hoy, tanto las sopas como los cocidos, platos calientes por excelencia, se reservan para el invierno, y no tanto por los productos que incluyen, sino por la sensación y consuelo que dejan en la época de frío. Pero no podemos olvidar que la tradición en la cocina de varios años atrás los elaboraba también en verano, de modo que en el recetario popular existe un buen número de platos de este tipo con producto estival. Por otro lado, hay que comentar, por la relevancia que ha adquirido en los últimos 10-15 años, el fenómeno de las cremas y las sopas frías, introducido mayoritariamente por el mundo de la restauración, concepto impensable hace treinta años y que en cambio ahora ha creado ya fuertes raíces.

El hecho de comer sin calentar, es decir, en frío —aparte de las ensaladas—, es un hábito bastante reciente en nuestra cultura. La población de más edad lo admite aún con ciertas reticencias. Sin embargo, en otras capas de gente más joven, "lo frío" ha calado hondo. Es en verano cuando este tipo de platos tienen más utilidad y apetecen por la ligereza y la frescura que conllevan.

TÉCNICAS BÁSICAS UTILIZADAS

La técnica fundamental para hacer sopas es, indiscutiblemente, el hervido.

Hervir: cocer los alimentos en líquido a 100 °C, en este caso, por la vía de la expansión: comenzar la cocción del o de los productos sumergiéndolos al principio en el líquido frío y dejar que, progresivamente y poco a poco, vaya llegando a los 100 °C, y después continuar la cocción. Esto facilita que la mayor parte de las sustancias de los alimentos pasen al líquido —agua—, que, después de la cocción, recogemos en forma de sopa.

PARTICULARIDADES DEL PRODUCTO/ PREPARACIÓN

CLASIFICACIÓN DE LAS SOPAS

Según el sabor de base

De caldo:
– de pescado
– de carne
– vegetal

Con sofritos o rehogados:
– tomate, puerro
– cebolla
– ajo
– otros
– cárnicos: jamón, tocino, chorizo

Con *picada*:
– ajo y perejil
– frutos secos
– otros

Infusión de hierbas:
– tomillo
– apio
– otros

De verduras:
– verduras vistas
– triturados: purés

Mezclas y combinados de dos o más formas

Según la finalización

De pan: el pan crudo o tostado espesa y da sabor a un líquido.

De pasta, de arroz, de legumbres o de harina: la pasta, en las múltiples formas que ofrece, espesa más o menos.

De verduras: el almidón de la patata da un cuerpo muy apreciado en las sopas, y también el sabor de las verduras.

Combinadas: a menudo se combinan los anteriores y dan lugar a las escudellas.

Tipo puré: las verduras picadas se pueden hacer más o menos espesas según la preferencia.

Sopas frías y calientes

COMPRA Y ALMACENAMIENTO

Dependiendo del tipo de sopa que se quiera preparar hay que hacer una compra a conciencia o no. Las sopas sencillas, de verduras, de pan, etc., se resuelven normalmente con los restos que quedan en la nevera o en la despensa, ya que se pueden improvisar fácilmente. Cuando se trata de caldos o sopas más completas hay que elegir las carnes, el pescado o los vegetales con cuidado, aunque luego estos elementos no destaquen visiblemente.

Una vez hechas las sopas, en general, se guardan bien en recipientes tapados de plástico, diríamos que:

– en la nevera: 3-4 días.

– en el congelador: 3 meses, a –20 °C y, a ser posible, con congelación rápida.

Estas preparaciones, es cómodo y práctico hacerlas en grandes cantidades, es decir, para varias comidas, ya que da el mismo trabajo. Después, cada cual lo almacena o lo congela según las raciones que utiliza cada vez. Los platos un poco largos de preparación deben llevarse a cabo así para ahorrar tiempo.

UTENSILIOS Y APARATOS

– Olla bien grande: las ollas de las sopas deben ser enormes, con cabida para hacer cantidad.

– Escurridor: de tamaño grande, también para los caldos.

– Pasapurés o trituradora: para los purés, para afinar las cremas.

– Colador chino: sobre todo para los caldos de pescado, para poder exprimir sus jugos.

– Barreños o recipientes grandes de plástico: para recoger los jugos colados de los caldos.

– Olla a presión: según el caso, es una ayuda importante por la rapidez que conlleva en la fase de elaboración.

– Batidor manual de varillas: es necesario, sobre todo, para afinar las sopas de pan.

Sopas frías y calientes

NÚMERO IDEAL DE COMENSALES

No hay ningún tipo de problema con estos platos. Son aptos para un buen número de personas, siempre que se tengan en cuenta las cantidades y las proporciones, no sólo con los ingredientes, sino con los recipientes y, sobre todo, y es una cosa que normalmente no se tiene en cuenta, con la fuente de calor. Demasiado a menudo sucede que, en las casas, los fogones son pequeños o de poca potencia para cantidades mayores de las que la industria prevé para una casa normal.

Las sopas siempre se pueden tener hechas y prácticamente terminadas del todo antes del momento justo de la comida, una ventaja cuando una mesa es larga.

CALIDAD NUTRITIVA

Las sopas son una buena aportación a la dieta desde el punto de vista nutritivo. El hecho de combinar diferentes productos hace que se mezclen también diversas sustancias interesantes en la alimentación. Las más recomendables son las más sencillas, aquellas que incluyen pan, arroz, legumbres, fideos o patata junto con verduras. Estos elementos contienen fibra, muchas proteínas, hidratos de carbono, en el caldo que sueltan hay numerosos minerales y, lo que es más importante, la ausencia de grasa animal. Las sopas condimentadas con cárnicos o base de caldo, en cambio, aportan más cantidad de grasa en el plato, por eso al prepararlas hay que utilizar carnes lo más magras posible.

Las recetas

Sopa de gallina

Ingredientes para 4 personas ⏰ 45 min

1 l y 1/2 de caldo con abundante proporción de gallina o pollo (ver la receta del caldo), 150 g de pan tostado en el horno, la carne de la gallina desmigada, 4 cucharadas de jerez seco, sal.

Productos

La gallina es un ave que hoy en día no se utiliza tanto como anteriormente. Se puede sustituir por pollo, aunque siempre es más sabrosa y resiste mejor las cocciones largas.

Procedimiento

Llevamos el caldo a hervir, lo salamos y le añadimos el pan desmenuzado. Lo batimos con el batidor manual de varillas mientras hierve poco a poco. Pasada media hora, echamos la gallina desmigada. Después le añadimos el jerez y lo hervimos media hora más para que, al probar la sopa, no sepa a vino crudo. Lo servimos bien caliente.

Comentarios

Es conveniente tostar el pan en el horno. Su sabor es más potente y más cálido. De esta forma su resultado es homogéneo y crujiente. No funcionan las tostadoras típicas del desayuno, de las que el pan sale aún húmedo. Esta sopa se conserva perfectamente congelada y merece la pena hacerla en cantidad y guardarla por raciones. Cuando se descongela no tiene muy buen aspecto, pero una vez ha hervido unos minutos, lo recupera.

Caldo de carne para sopa

Ingredientes para 12 raciones ⏰ 4 horas

1 pollo o gallina de 1 kg y 1/2, 1 kg de morcillo de ternera, 200 g de tocino, 2 huesos de ternera, 2 huesos de cerdo, 1 kg de vegetales entre puerro, zanahoria, apio, nabo y una punta de chirivía, 4 l de agua.

Productos

El morcillo es un músculo de la ternera de textura melosa, llamado también *conejo*.

Procedimiento

Limpiamos las carnes y ponemos los huesos a desangrar (cubiertos con agua fría en un recipiente, 30 minutos). Llenamos una olla con agua fría y metemos las carnes y los huesos. Lo cocemos a fuego lento y lo espumamos de vez en cuando, para quitar las impurezas. Una vez arranque el hervor, lo cocemos una hora, sin dejar de espumar y sin tapar. Añadimos las verduras y lo hervimos de una a dos horas más. La sal no se echa hasta el final o una vez acabado, en el momento de la aplicación (sopa). Una vez finalizado, lo colamos y, si podemos, lo enfriamos rápidamente: en el fregadero, al baño maría en agua fría o con un cambio de recipiente. Lo desengrasamos con una espátula o cuchara y ya se puede utilizar.

Comentarios

Se conserva en la nevera 4 ó 5 días, y 3 meses en el congelador. Si se elabora para consumo inmediato, nunca se debe dejar tapado ni cerca del calor, para evitar su fermentación.

Caldo vegetal

Ingredientes para 12 raciones ⏰ *1 hora*

5 puerros, 2 cebollas, 7 u 8 zanahorias, 1 nabo, 4 ó 5 hojas de col, 2 ramas de apio, un trocito de chirivía, 4 l de agua.

Productos

La chirivía es una raíz de color blanco amarillento en forma de zanahoria y con un fuerte sabor anisado que conviene utilizar con prudencia.

Procedimiento

Limpiamos las verduras y las cortamos a trocitos. Las metemos en una olla con el agua fría y las hervimos de 3/4 de hora a 1 hora. Una vez escurrido, el caldo está listo para utilizar.

Comentarios

Este tipo de caldo no es tan habitual en nuestra cultura. Normalmente se utilizan los jugos de hervir las verduras que comemos como plato protagonista, lo cual es absolutamente recomendable. Se conserva 4 ó 5 días en la nevera y 4 ó 5 meses en el congelador.

Sopa de fiesta

Ingredientes para 4 personas ⏰ *45 min*

1 l y 1/2 de caldo, sal, la carne del caldo desmigada, 150 g de pan seco, tostado ligeramente. ALBONDIGUILLAS: 150 g de picadillo de cerdo, 150 g de picadillo de ternera, 1/2 huevo, una rebanada de pan mojada en leche, harina.

Productos

Las albóndigas características de esta sopa se obtienen a partir de la misma mezcla que el albondigón de carne: carne picada, huevo y miga de pan mojada en leche.

Procedimiento

Ponemos el caldo (ver la receta del caldo) a hervir, añadimos el pan desmenuzado y lo batimos con un batidor manual de varillas. Al cabo de 1/4 de hora, añadimos las albóndigas y la carne del caldo desmenuzada. Lo hervimos lentamente 1/2 hora más y lo servimos muy caliente. ALBONDIGUILLAS: mezclamos todos los ingredientes en un bol y lo removemos con un tenedor hasta obtener una pasta compacta. Formamos unas bolitas pequeñas, las enharinamos y ya están listas para echar a la sopa.

Comentarios

Podemos tener caldo hecho y congelado. Las albóndigas también pueden estar formadas y congeladas, y empezar el proceso desde este punto. Una vez las albóndigas están en la sopa, hay que hervirlas a fuego lento.

Consomé de langostinos con *quenelles*

Ingredientes para 8 personas 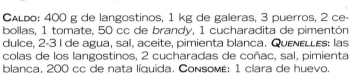 2 horas

CALDO: 400 g de langostinos, 1 kg de galeras, 3 puerros, 2 cebollas, 1 tomate, 50 cc de *brandy*, 1 cucharadita de pimentón dulce, 2-3 l de agua, sal, aceite, pimienta blanca. **QUENELLES:** las colas de los langostinos, 2 cucharadas de coñac, sal, pimienta blanca, 200 cc de nata líquida. **CONSOMÉ:** 1 clara de huevo.

Productos

La galera es el crustáceo que combina mejor con langostinos y cigalas. Por eso la elegimos como base del caldo.

Procedimiento

CALDO: salteamos las verduras con aceite hasta que empiecen a tomar color. Añadimos las cabezas de los langostinos y las galeras y las sofreímos hasta que se empiecen a romper. Echamos el pimentón, el *brandy* y el agua y lo hervimos 25 minutos. Lo colamos y lo echamos en una cazuela ancha. **QUENELLES:** pelamos y trituramos las colas de los langostinos con sal, pimienta, el coñac y la nata. Podemos utilizar cualquier robot o trituradora. Metemos esta muselina en el congelador 15 minutos y cocemos las *quenelles* por el sistema de escalfado dentro del caldo: sin pasar los 80-90 °C, por lo tanto, no debe hervir, sino sólo temblar. Las cocemos 4-5 minutos, las escurrimos con una espátula y las reservamos. **CONSOMÉ:** ponemos el caldo a hervir con la sal, añadimos la clara de huevo un poco batida y lo hervimos 10 minutos a fuego muy lento. Lo colamos con un colador y un paño fino y lo servimos con 4 ó 5 *quenelles* por comensal.

Comentarios

Ésta es una sopa de día de fiesta que recomendamos para buenos paladares que sepan reconocer la finura de las *quenelles*.

Caldo de pescado

Ingredientes para 12 raciones 1 h y 1/2

2 kg de pescado para sopa: cangrejos, galeras, espinas..., 3 cebollas, 1 tomate, 1 cabeza de ajos, aceite, 4 l de agua.

Productos

La morralla es el pescado que se encuentra en el mercado, mezclado y que se utiliza para elaborar los caldos para sopas o salsas. Incluye cintas, ratas, congrios, cabrachos, etc.

Procedimiento

En una olla preparamos un sofrito oscuro, procurando utilizar poco aceite, con la cebolla, los ajos y el tomate, en este orden. Añadimos el pescado y lo sofreímos hasta que pierda su forma. Seguidamente, vertemos el agua fría. Cuando rompa a hervir, lo espumamos con una espátula para quitar las impurezas. Lo hervimos una hora, tapado y a fuego lento. Lo escurrimos y lo enfriamos tan rápido como sea posible. Le ponemos sal en el momento de la aplicación, ya sea salsa, sopa con arroz o fideos o guisado.

Comentarios

Esta receta es un ejemplo de caldo oscuro o intenso, que es el más clásico de nuestra cocina. Existen otros más suaves (sin sofrito), aunque a veces corremos el riesgo de que resulten pobres en sabor. Hay que respetar la proporción de pescado si queremos obtener un caldo potente. Se conserva de 3 a 4 días en la nevera y 3 meses en el congelador. Cuidado con la fermentación, recordamos que no hay que tapar el caldo herméticamente cuando está fuera de la nevera o cerca de un foco de calor.

Sopa de ajo y tomillo

Ingredientes para 4 personas 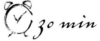 30 min

6 ajos, aceite, 1 l y 1/2 de agua, 150 g de pan tostado, una rama de tomillo, sal.

Productos

Estas sopas se pueden elaborar con pan tostado o con pan blanco. Si se opta por la primera posibilidad, hay que tostar el pan en el horno para que quede crujiente. La diferencia radica en la textura final de la sopa, el pan blanco la deja más gelatinosa y gruesa.

Procedimiento

Sofreímos los ajos, troceados, en aceite, sin que tomen un color excesivo. Añadimos el agua y el pan y lo hervimos 20 minutos. Lo batimos con las varillas manuales para romper el pan y que se integre en el agua. Al final, añadimos el tomillo, apagamos el fuego, tapamos la olla, lo dejamos reposar de 5 a 10 minutos en infusión y lo servimos.

Comentarios

En muchas ocasiones, cuando se elabora esta sopa, se hace con los ajos hervidos con la piel al mismo tiempo que el pan. Si se sofríen, pues, que no sea en exceso, porque si no predomina su sabor fuerte. Si se prepara con antelación, es mejor dejarla un poco clarita, ya que el pan, al cabo de un rato, espesa mucho.

Escudella catalana

Ingredientes para 12 personas 3-4 h

1/2 gallina, 1 pollo, 1/2 kg de morciillo de ternera, 1/4 de kg de tocino, 1 butifarra culana negra, 1 butifarra culana blanca, 3 huesos de ternera, 3 huesos de cerdo, 4 ó 5 hojas de col, 100 g de garbanzos, 4 patatas, 5 zanahorias, 2 nabos, 4 puerros, 2 ramas de apio, 1 chirivía pequeña, 2 cebollas, 300 g de pasta de caracolas grandes, sal, 5 l de agua. *Pilota*: 300 g de carne magra de cerdo, 300 g de carne de pollo triturada, 25 g de piñones, la miga de pan de 2 rebanadas grandes mojadas en leche, 1 huevo, harina, sal.

Productos

La *pilota* o albondigón es un elemento común en los cocidos y caldos en Cataluña. Consiste en un picadillo de uno o dos tipos de carne (ternera, cerdo, pollo) amasado y ligado con huevos y pan rallado o miga de pan mojada en leche. Este último recurso la deja más blanda que si se utiliza el pan rallado.

Procedimiento

Ponemos agua fría en una olla grande y echamos los garbanzos y las carnes, a excepción de la *pilota* y las butifarras. Lo hervimos 2 horas a fuego lento. Después añadimos las verduras y lo hervimos media hora más. Formamos la *pilota* amasando bien todos los ingredientes, la enharinamos y la añadimos a la olla. Continuamos la cocción media hora más y lo salamos. Finalmente, añadimos las morcillas o butifarras. Al cabo de 20 minutos, lo escurrimos y separamos las carnes de los vegetales en dos bandejas. Cocemos la pasta con el caldo. Una vez hecha, servimos primero la sopa, y de segundo plato las carnes y las verduras con un buen aceite.

Comentarios

Ésta es una receta un poco larga, conviene tenerlo todo preparado con antelación. En todo caso, las carnes y las verduras se pueden calentar más tarde o bien en el microondas, o bien con el mismo vapor de la olla o en el horno, todo bien tapado. Hay que cocer la pasta justo antes de servir la sopa.

Sopa de verano

Ingredientes para 4 personas 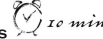 45 min

2 cebollas, 2 calabacines, 3 patatas, 100 g de arroz, sal, 2 l de agua.

Productos

Existen calabacines de varios tipos, entre los más habituales el verde y alargado, que es el más común. En verano, sin embargo, se encuentran otros de piel más blanca o de color verde claro, de carne más apretada y con menos semillas.

Procedimiento

Pelamos las patatas y las cebollas. Lavamos los calabacines, no es necesario pelarlos. Lo cortamos todo a cubos y lo echamos en una olla con agua y sal. Al cabo de media hora, añadimos el arroz y lo cocemos 20 minutos. Si la queremos más refrescante, añadimos una rama de menta fresca.

Comentarios

Ésta es una sopa caliente, pero de verano, justo cuando los calabacines están en su mejor punto. Recordemos que hasta hace unos 25 años no eran habituales las sopas frías. Este hábito es bastante reciente.

Sopa escaldada

Ingredientes para 4 personas 10 min

1 l de agua, 1 rama grande de tomillo fresco, 7 u 8 rebanaditas finas de pan de miga prieta, sal, aceite.

Productos

El tomillo es la hierba más frecuente en las sopas catalanas más sencillas.

Procedimiento

Ponemos el agua a hervir con sal, añadimos el tomillo, apagamos el fuego y tapamos la olla. Lo dejamos en infusión unos minutos. En cada plato colocamos dos rebanadas de pan cortadas lo más finas posible y las aliñamos con un poco de aceite. Justo en el momento de empezar a comer, echamos el líquido caliente en los platos. Hay quien a veces pone un huevo crudo encima del pan, que se cuece por la acción del agua hirviendo.

Comentarios

Las sopas escaldadas son muy propias de Cataluña. En algunos lugares se llaman *sopas de pastor*, y existen variantes como las que se elaboran con el caldo de hervir verduras o alubias en lugar del agua de tomillo. También es curiosa la que se toma de igual forma pero con un arenque desmenuzado.

Sopa de sémola con apío

Ingredientes para 4 personas 30 min

Una buena rama de apio, 75 g de sémola de trigo, sal, aceite, 1 l y 1/2 de agua, 2 huevos duros.

Productos

La sémola se hace a partir de los restos de las pastas de harina de trigo molidas en un tamaño muy pequeño. Puede elaborarse de la misma forma con sémola de arroz.

Procedimiento

Llevamos el agua a ebullición con el apio a trocitos y la sal. Vertemos la sémola en forma de lluvia, para que no se pegue. Bajamos el fuego y removemos de vez en cuando, durante una media hora. La cocción debe de ser lenta. Al final, echamos los huevos duros a trozos y, de forma opcional, un chorrito de aceite.

Comentarios

La sémola tiende a pegarse, por lo tanto, hay que remover, vigilar y cocer a fuego lento. Si sobrara, se podría guardar, pero habría que añadir bastante agua para aclararla, ya que a medida que se enfría y pasa el rato espesa.

Sopa de caldo con huevo *mollet*

Ingredientes para 4 personas 30 min

1 l y 1/2 de caldo, 50 g de pasta de pistones o maravilla, 4 huevos, las migas del pollo, 50 g de queso rallado, sal.

Productos

La pasta de sopa que existe en el mercado en mil y una formas es una de las maneras más habituales de espesar la sopa. Aquí no se utiliza en gran cantidad porque hay más ingredientes que le dan consistencia.

Procedimiento

Llevamos el caldo a ebullición y lo salamos. Echamos la pasta y, al cabo de 7 minutos o los indicados en el paquete, añadimos el pollo desmigado y el queso. Ponemos la sopa en los platos. En cada uno colocamos un huevo *mollet* un poco abierto y servimos. HUEVOS *MOLLET*: ponemos los huevos, a temperatura ambiente, en el agua hirviendo. Los cocemos 4 minutos contados. Los sumergimos en agua fría hasta que estén fríos y los pelamos con cuidado para no romperlos.

Comentarios

Es una sopa sin problemas, sólo hay que tener en cuenta que no espese en exceso con la pasta. Hay que tener siempre caldo a mano, en la nevera o en el congelador, lo que permite mil transformaciones.

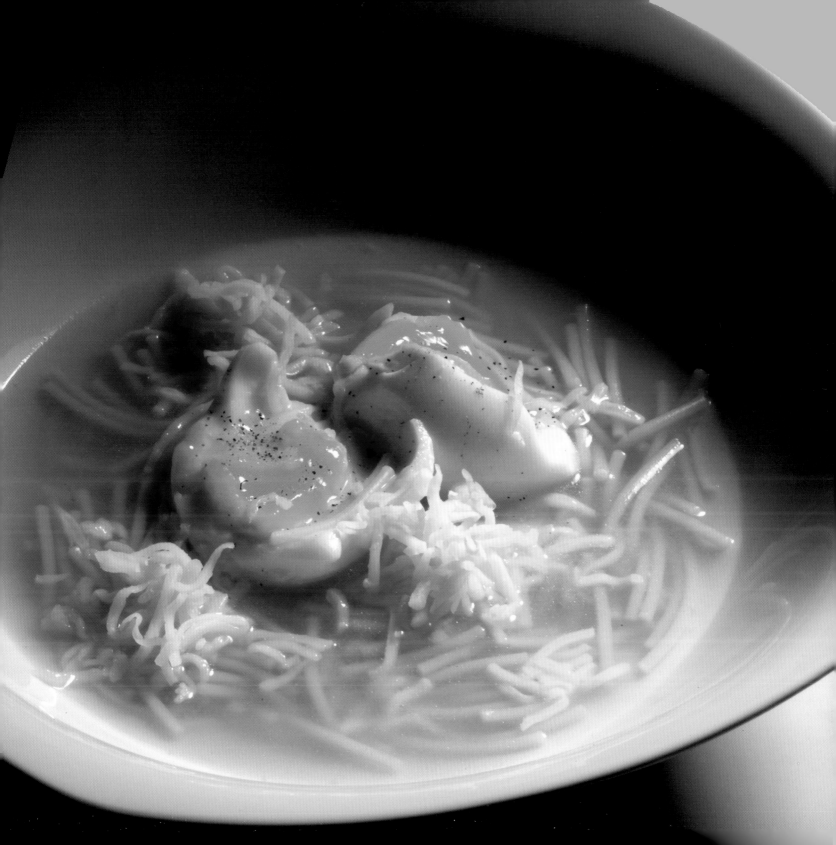

Sopa de ajo y chorizo

Ingredientes para 4 personas 🕐 *30 min*

4 ó 5 ajos, 1 chorizo de freír, 1 l y 1/2 de agua, 150 g de pan, aceite, sal, 4 huevos (opcionales).

Productos

El chorizo, como lo llamamos genéricamente, se encuentra en múltiples variedades. Aquí hay que emplear uno ni excesivamente picante ni muy curado. También le da buen sabor un toque de ahumado.

Procedimiento

Freímos el chorizo con poco aceite, ya que él mismo lo desprende. Añadimos los ajos troceados y les damos un poco de color. Vertemos el agua y el pan y lo cocemos de 25 a 30 minutos. Si se desea, se puede poner un huevo entero en cada plato, que se cocerá a partir del efecto del calor de la sopa. También se puede echar este huevo en la olla y batir con un tenedor. Esta acción espesa la sopa.

Comentarios

El chorizo tiene que estar fresco, es decir, que no sea rancio, porque, al hervir, dejaría un sabor desagradable. Es una sopa grasienta que, por lo tanto, no es recomendable tomar muy a menudo.

Sopa de jamón

Ingredientes para 4 personas 🕐 *1 hora*

1 l y 1/2 de caldo, 2 huesos grandes de jamón, 300 g de pan tostado, 50 g de queso emmental, 50 g de virutas de jamón, sal.

Productos

En la cocina catalana no es muy habitual el uso del jamón en los caldos. En este caso es necesario que sea fresco y nada rancio. Si su color es más bien marrón, ya no es adecuado.

Procedimiento

Cocemos el hueso de jamón en el caldo 1 hora y a fuego muy lento. Añadimos un vaso de agua. Si el caldo se elabora adrede para esta sopa, echamos los huesos desde el inicio, sustituyendo la ternera. Retiramos los huesos o colamos el caldo y añadimos el pan tostado. Lo cocemos 20 minutos y lo trituramos todo hasta que quede como una crema. Servimos la sopa con las virutas de jamón y el queso rallado.

Comentarios

Una sopa fácil, muy sabrosa, y una solución para acabar los huesos o recortes de un jamón casi acabado.

Puré de verduras con tropezones

Ingredientes para 4 personas ⏰ 45 min

2 patatas, 1 zanahoria, 2 calabacines, 2 hojas de col, 1 puerro, 1 cebolla, 1 rama de apio, aceite, sal, 2 l de agua, 1 rebanada de pan tostado. TROPEZONES: 2 rebanadas de pan de medio kg, aceite abundante.

Productos

El apio es un vegetal muy aromático que transmite un sabor muy apropiado para caldos y sopas de verduras. En el momento de triturar el puré, es mejor quitarlo, ya que es la única verdura que dejará residuos y obligaría a colarlo.

Procedimiento

Ponemos aceite en una olla y sofreímos un poco la cebolla y el puerro, siempre sin que adquieran color. Echamos el agua, las verduras, con el apio entero y el pan tostado, todo cortado en trozos medianos. Le echamos sal y lo cocemos 30-35 minutos. Retiramos el apio y trituramos el resto hasta que esté bien fino. TROPEZONES: cortamos las rebanadas de pan en cubitos, los freímos por inmersión en aceite caliente, los escurrimos bien y los colocamos en una fuente para que cada uno se sirva a su gusto.

Comentarios

En un puré se pueden utilizar todas las verduras que se quieran y, sobre todo, las que se tengan, ahora bien, el calabacín es cómodo porque no hay que colarlo. Los purés se pueden elaborar con antelación. Resulta cómodo elaborarlos en gran cantidad y almacenarlos. Se conservan en la nevera 4 ó 5 días y en el congelador 3 meses.

Crema de espárragos con *foie gras* y trufa

Ingredientes para 4 personas ⏰ 1 hora

1 puerro, 1 kg de espárragos frescos, 2 patatas, 1 trufa de verano, 4 escalopes de *foie*, aceite, sal.

Productos

La trufa es un hongo muy apreciado en la cocina por el aroma que desprende y por su capacidad de transmitir sabor. Entre las más conocidas destacan la trufa blanca o de Bolonia, poco consumida en la cocina casera, y la trufa negra o *Tuber melanosporum*, seguramente la más conocida y consumida, aunque actualmente su elevado precio provoca que se tenga que recurrir a la trufa marrón o de verano, *Tuber aestivium*, de muy buena calidad y sin punto de comparación con otras especies, como la *Tuber indicum*, más bien insípida.

Procedimiento

Cortamos el puerro en rodajitas y lo salteamos con un chorrito de aceite, sin que adquiera color. Limpiamos los espárragos y añadimos sus tallos, la patata y el puerro. Lo cubrimos con agua y lo cocemos 30 minutos. Lo trituramos procurando que quede fino. En caliente, añadimos la trufa rallada y su jugo, si es de conserva. Antes de servir la crema, salteamos las yemas de los espárragos con un chorrito de aceite. Marcamos los escalopes de *foie* en la plancha caliente, solo vuelta y vuelta. En los platos, colocamos un escalope, unas puntas de espárragos, y vertemos la crema con una jarrita.

Comentarios

El *foie* se cocinará justo antes de servir el plato. Hay que tener los escalopes ya cortados en la nevera o incluso en el congelador. En este caso, el fuego tendrá que ser potente.

Sopa de negrillas con juliana de jamón

Ingredientes para 4 personas 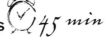 45 min

1 kg y 1/2 de negrillas, 50 g de harina, 50 g de paletilla de jamón ibérico en virutas, 2 rebanaditas de pan, aceite, sal, 2 l de agua.

Productos

Las negrillas son unas setas que se caracterizan por su paraguas de color gris oscuro y el tallo blanquecino. Crecen en bosques de pinos y en colonias.

Procedimiento

Echamos un chorrito de aceite en una olla y añadimos 1 kg de negrillas limpias. Una vez desprendan el agua, añadimos la harina y removemos. Vertemos el agua y las cocemos 30 minutos con la sal correspondiente. Lo trituramos hasta dejar la sopa bien fina. Salteamos el resto de negrillas en aceite y las reservamos. Cortamos el jamón en una juliana fina. Cortamos el pan en cubitos y los freímos por inmersión, es decir, cubiertos de aceite caliente. Los escurrimos. Preparamos platos soperos y en cada uno colocamos un centro de negrillas, juliana de jamón y cubitos de pan. Servimos los platos así y, una vez en la mesa, echamos la sopa con una jarrita.

Comentarios

El sofrito previo de esta sopa tiene que adquirir un color muy dorado para comunicarle un sabor muy intenso. Es una sopa estacional, es decir, mientras haya negrillas en el bosque.

Sopa de almejas

Ingredientes para 4 personas  40 min

300 g de almejas, 3 ó 4 patatas, 1 l y 1/2 de agua, sal, 25 g de almendras tostadas, 2 ajos, 1 guindilla, una ramita de perejil, 2 cucharadas de harina, aceite.

Productos

Las almejas se pueden sustituir por chirlas u otras conchas similares.

Procedimiento

Abrimos las almejas al vapor, en un recipiente sin agua y tapado. Escurrimos y colamos su jugo procurando que quede limpio de arena. Echamos el jugo en una olla con las patatas a trozos y lo llevamos a ebullición. Pasados unos 20 minutos, freímos los ajos troceados, el perejil, la guindilla y las almendras. Lo echamos en una trituradora, lo mezclamos con la harina tostada y lo vertemos en la sopa. Pasados 10 minutos más añadimos las almejas y servimos.

Comentarios

Hay que dejar las almejas 1 ó 2 horas en agua y sal antes de cocinarlas, así sacan la arena y se evitan fracasos posteriores. Como en todas las elaboraciones en las que la patata interviene como protagonista, es bueno prepararla sólo para un día.

Sopa de calabaza y brócoli con *gruyère*

Ingredientes para 4 personas  *1 hora*

2 cebollas, 1 kg de calabaza (peso sin piel), 1/2 brócoli verde, 50 g de queso *gruyère*, sal, pimienta, aceite, 2 l de agua.

Productos

El queso *gruyère* tiene un sabor entre picante y ahumado que lo convierte en particular. Contrasta bien con el dulzor de la calabaza. Sin embargo, se puede sustituir por otro queso más suave.

Procedimiento

Cortamos la cebolla en cubitos y la rehogamos en aceite, es decir, sin que adquiera color. Una vez transparente, echamos la calabaza a trocitos y el brócoli en pequeños copos. Añadimos agua y sal y lo cocemos 30 minutos. Añadimos el queso rallado y servimos la sopa.

Comentarios

Es una sopa estacional de invierno, tiempo de calabazas y brócolis.

Escudella símple

Ingredientes para 4 personas *1 h y 1/2*

150 g de tocino, 150 g de butifarra negra, 150 g de butifarra blanca, 2 patatas, 1 zanahoria, 2 ó 3 hojas de col, 1 rama de apio, 1 cebolla, 5 ó 6 flores de brócoli, 1 nabo, 50 g de alubias crudas y remojadas, 50 g de arroz o de fideos, sal, 2 l de agua.

Productos

El arroz y los fideos, cereales básicos de nuestra cocina, pueden alternarse o convivir en este tipo de platos. El almidón que desprenden durante la cocción es fundamental para que estas sopas unan bien todos sus elementos.

Procedimiento

Colocamos el tocino y las alubias en una olla con agua fría y lo llevamos a ebullición. Pasada media hora añadimos el resto de verduras, cortadas en cubitos, y la sal. Lo cocemos media hora más, lentamente. Añadimos el arroz y/o los fideos y lo cocemos 10 minutos. Seguidamente, echamos las morcillas o butifarras enteras y lo dejamos 10 minutos más. Retiramos las morcillas y el tocino y los cortamos a trozos. Los repartimos en los platos y echamos la sopa.

Comentarios

Las morcillas o butifarras se echan enteras y hacia el final, porque, si no, se rompen. Se puede tener todo preparado hasta la fase del arroz y/o los fideos. Si las alubias estaban ya cocidas de antemano, se echan junto con las morcillas. En caso de cocinar este plato para varios días, es recomendable utilizar fideos en vez de arroz.

Sopas frías y calientes

Sopa de garbanzos

Ingredientes para 4 personas ⏰ 45 min

1 cebolla, 1 tomate pequeño, 1 patata, 2 zanahorias, 1 l y 1/2 de agua, 300 g de garbanzos cocidos, 150 g de fideos finos, sal, aceite, 2 huevos duros.

Productos

Los garbanzos, como es sabido, forman parte de la familia de las legumbres. Su textura farinácea es muy apropiada para dar consistencia a las sopas, además de sabor y nutrientes muy necesarios.

Procedimiento

Preparamos un sofrito de cebolla y tomate con un poco de color. Añadimos los garbanzos y las patatas y las zanahorias en rodajas. Lo llevamos a ebullición, 30 minutos, con el agua de los garbanzos, si se dispone de ella, si no, con agua. Le echamos sal y lo trituramos. Añadimos los fideos. Pasados cinco minutos incorporamos los huevos duros a trocitos y servimos.

Comentarios

Es recomendable hacer el sofrito un poco oscuro, ya que la sopa estará más sabrosa. Si los garbanzos son de conserva, hay que escurrirlos y lavarlos.

Sopa de verduras provenzal

Ingredientes para 4 personas ⏰ 45 min

2 patatas, 1 puerro, 1 cebolla, 2 zanahorias, 100 g de judías verdes 1 cucharada de harina, 150 g de alubias cocidas, 1 l y 1/2 de agua, una ramita de albahaca fresca, aceite, sal, pimienta.

Productos

La albahaca es una hierba muy aromática y fresca. No se ha aprovechado en nuestra cocina tradicional hasta hace pocos años. Su uso nos llega de la Provenza francesa o del norte de Italia. Se ha divulgado gracias a los espaguetis al *pesto*.

Procedimiento

Rehogamos la cebolla y el puerro en un poco de aceite, es decir, sin color. Añadimos la harina y removemos para integrarla. Echamos el agua y las verduras, todas cortadas en cubos. Le echamos sal y lo cocemos de 30 a 35 minutos. Al final, añadimos las alubias y la albahaca. Apagamos el fuego, tapamos el recipiente y, en unos minutos, servimos.

Comentarios

Siempre que se pueda es mejor utilizar la albahaca fresca. La seca no transmite el frescor de la primera. Estas sopas de verduras no se conservan muy bien congeladas, ya que los elementos que las integran se ablandan y les queda un tacto esponjoso desagradable.

Sopa juliana con arroz

Ingredientes para 4 personas ⏰ 45 min

4 ó 5 ajos, una rama de apio, 1 puerro, 50 g de juliana de verduras deshidratada, 50 g de arroz, sal, 1 l y 1/2 de agua.

Productos

La juliana es una mezcla de verduras secas, es decir, deshidratadas, muy sabrosa. Es cómoda porque que se puede tener siempre en casa para improvisar una sopa como ésta.

Procedimiento

Salteamos los ajos con el aceite en una olla hasta que adquieran un mínimo color. Añadimos el puerro en rodajitas. Echamos el agua, la juliana y la sal y lo cocemos durante 20 minutos. Añadimos el arroz y lo cocemos todo a la vez durante 15 ó 20 minutos más.

Comentarios

Ésta es una sopa sin pretensiones, muy sabrosa y que se puede elaborar sin caldo con un buen resultado.

Arroz para enfermo

Ingredientes para 4 personas ⏰ 25 min

200 g de arroz, 4 ajos, 1 buena rama de tomillo, sal, 1 l y 1/2 de agua, un chorrito de aceite, 1 patata y 1 zanahoria (opcionales).

Productos

Se debe utilizar un arroz de grano redondo que desprenda almidón y dé una consistencia gruesa a la sopa.

Procedimiento

Ponemos el agua al fuego con los ajos enteros y sin pelar. Cuando rompa el hervor, añadimos el arroz y la sal. Cuando el agua vuelva a hervir, removemos para evitar que el arroz se pegue al fondo. Lo cocemos de 15 a 20 minutos hasta que el grano esté tierno y el caldo haya espesado. Si se opta por añadir patata y zanahoria, habrá que pelarlas, cortarlas a trocitos y echarlas a la olla al mismo tiempo que los ajos. Cuando todo esté cocido, añadimos el tomillo y tapamos la olla durante 5 minutos. Quitamos el tomillo y servimos el arroz con un chorrito de aceite.

Comentarios

Éste es un plato típico de los hogares catalanes cuando alguien está enfermo, sobre todo de la barriga. Hay quien lo prepara añadiendo verduras y hay quien lo cocina sólo con el arroz.

Sopa de harina tostada

Ingredientes para 4 personas ⏰ 45 min

1 cebolla, 2 ó 3 ajos, 1 tomate, aceite, 150 g de harina tostada, sal, 1 l y 1/2, 50 g de virutas de jamón.

Productos

La harina tostada (ver receta sopa de cebolla), en este caso, debe de estar sólo levemente tostada, porque si no, su sabor resulta excesivamente fuerte. Se puede preparar en cantidad y guardarla en un bote de cristal, limpio y seco, bien tapado.

Procedimiento

Preparamos un sofrito con la cebolla, los ajos y el tomate. Lo trituramos y lo mezclamos con la harina. Lo desleímos con agua fría y lo echamos a la olla. Añadimos el resto del agua y dejamos cocer con la sal durante 20 minutos. Al final, añadimos las virutas de jamón.

Comentarios

Conviene desleír la harina con el agua fría y en pequeñas cantidades, para que no queden grumos. De hecho, ésta es una receta ilustrativa de un cierto tipo de cocina pobre y de aprovechamiento, un poco pasada de moda, aunque de muy buen sabor.

Parmentier trufado con *foie gras* y consomé

Ingredientes para 8 personas ⏰ 3 horas

CALDO: 1 pollo, 1 pechuga de gallina, 1/2 kg de carne de ternera, 4 puerros, 6 zanahorias, 2 ramas de apio, 4 l de agua, sal. CONSOMÉ: 100 g de picadillo de ternera, 2 claras de huevo, 50 cc de jerez seco. PARMENTIER: 1/2 kg de patatas, 350 cc de nata líquida, sal, 2 trufas negras; 1 *foie* crudo, sal de Maldon.

Productos

Para aromatizar sopas y salsas, es normal añadir algún vino, siempre vinos sin acidez, un poco envejecidos y con cuerpo.

Procedimiento

CALDO: elaboramos el caldo durante 3 horas a fuego lento y escurrimos (véase la receta del caldo para sopa). CONSOMÉ: formamos una albóndiga con el picadillo y las claras de huevo, la metemos dentro del caldo con el jerez y lo cocemos a fuego lento hasta que se vea el líquido transparente. Lo colamos con un paño fino para que no quede ninguna impureza. Añadimos una trufa rallada y lo reservamos. PARMENTIER: hervimos las patatas con piel hasta que estén tiernas. Las pelamos y las pasamos por el pasapurés. Llevamos la nata líquida a ebullición y echamos la patata. Echamos el resto de trufa y la sal. Reservamos. FOIE GRAS: lo cortamos en escalopes y los marcamos en la plancha. Montamos los platos con el *parmentier* de fondo, el *foie gras* y encima vertemos el consomé. Se puede acabar con una juliana de puerro frito.

Comentarios

Ésta es una sopa para invitados o para un día especial. Da un poco de trabajo, pero los amantes de las sopas no deben perdérsela.

Sopa de caracolas rellenas de muselina de merluza

Ingredientes para 8 personas *1 hora*

3 l de caldo de pescado, 6 piezas de pasta de caracolas grandes. MUSELINA: 350 g de merluza limpia y cruda, 2 cucharadas de jerez seco, sal, pimienta blanca, 200 cc de nata líquida.

Productos

La merluza es un pescado de carne blanda que permite trabajar su carne y transformarla. En este caso, se convierte en una espuma muy fina que rellenará las caracolas de gran tamaño.

Procedimiento

Cocemos la pasta en el caldo durante 8 minutos. La sacamos y la dejamos enfriar. Tiene que estar *al dente*. MUSELINA: trituramos la merluza hasta obtener una pasta, con sal, pimienta, el jerez y la nata. Se puede mezclar con cualquier robot o batidor. Metemos esta muselina en el congelador 15 minutos y, después, rellenamos las caracolas con la ayuda de una cucharilla o una manga pastelera. Una vez rellenas, las echamos en el caldo y las cocemos muy despacio 5-7 minutos más.

Comentarios

Una sopa muy fina en la que es imprescindible que la merluza sea fresca y de calidad.

Sopa de fideos de patata y zanahoria

Ingredientes para 4 personas *30 min*

25 g de virutas de jamón, aceite, 1 l y 1/2 de agua, 2 zanahorias grandes, 2 patatas grandes, sal, 1 huevo, 50 g de queso rallado.

Productos

El jamón es muy sabroso y sirve como condimento de muchos platos.

Procedimiento

Echamos aceite en una olla, salteamos el jamón cortado en juliana y vertemos el agua. Rallamos las patatas y las zanahorias y las añadimos a la olla. Lo cocemos todo 20 minutos. Echamos la sal necesaria, teniendo en cuenta el uso del jamón. Pasado este tiempo, echamos un huevo batido como para tortilla y removemos la sopa con un tenedor. En el momento de servir, añadimos el queso rallado, que es opcional.

Comentarios

Las patatas y las zanahorias quedan en su punto si se usa un rallador giratorio, ya que quedan como si fueran fideos finos y largos.

Caldereta de langosta

Ingredientes para 4 personas  *1 hora*

1/2 l de caldo de galera, 4 langostas de 400 g, 2 cebollas, 1 tomate grande, 2 ajos, perejil, 2 cucharadas de *brandy*, 16 rebanaditas de pan levemente tostado, aceite, sal, pimienta.

Productos

Hay que tostar el pan en el horno para que quede homogéneo y crujiente.

Procedimiento

Escaldamos las langostas 2 minutos en agua hirviendo. Las sacamos, separándoles las cabezas de las colas. Cortamos esta últimas en rodajas. Echamos aceite en una olla o cazuela honda y sofreímos en ella los trozos de cola. Reservamos. En el mismo aceite, sofreímos también las cabezas. Añadimos los vegetales troceados y los sofreímos hasta que se doren. Vertemos el *brandy* y lo quemamos a fuego fuerte. Lo cubrimos todo con 1/2 litro de agua y el caldo de galera. Echamos sal y pimienta. Hervimos este caldo durante media hora. Al final tiene que quedar 1 l y 1/2. Si sobrepasa esta cantidad hay que reducirlo con el fin de obtener el sabor deseado. Frotamos las tostadas con ajo. Servimos los trozos de langosta pelados, las tostadas y el caldo en sopera o jarrita para echar en los platos.

Comentarios

Ésta es una de las recetas de las muchas que existen de caldereta de langosta. De todos modos, siempre existe un denominador común, como la misma langosta o el pan tostado.

Sopa al aroma de setas y pasta rellena

Ingredientes para 8 personas  *4 horas*

CALDO: 1 pollo, 1 kg de morcillo de ternera, huesos de ternera, 4 puerros, 6 zanahorias, 3 ramas de apio, 10 g de ceps secos, 3 l de agua. GUARNICIÓN: 1/2 kg de setas tipo rebozuelos, sal, aceite. PASTA: 400 g de pasta de caracolas grandes. RELLENO: 125 g de mantequilla, 150 g de harina, 50 cc de jerez seco, 1 l de leche, 300 g de queso *gruyère* rallado, 1 trufa negra, 5 g de ceps secos, sal.

Productos

En Cataluña es muy típico rellenar la pasta de caracolas con distintos sabores. En este caso las protagonistas son las setas.

Procedimiento

CALDO: procedemos de la misma forma que en la receta de caldo para sopa. Una vez finalizado, lo reducimos a 2 litros, lo enfriamos y lo desengrasamos. GUARNICIÓN: salteamos las setas enteras en aceite. PASTA: la cocemos en agua y sal hasta que esté *al dente*. RELLENO: elaboramos una pasta de harina con la mantequilla, la harina, el vino y la leche. Desleímos la mantequilla en un cazo, añadimos la harina y removemos para que la absorba. Echamos el vino y la leche y cocemos 10 minutos, removiendo con el batidor de varillas manual para evitar grumos. Añadimos el queso y dividimos la pasta en dos: en una añadimos la trufa rallada, en la otra mezclamos los ceps cortados finos. Lo enfriamos y rellenamos las caracolas con una cucharilla o una manga pastelera. Colocamos en los platos unas cuantas setas, 6 caracolas y lo mojamos todo con el caldo.

Comentarios

Si no es su época, las setas para este relleno se pueden obtener congeladas en establecimientos especializados.

Caldereta de rape

Ingredientes para 4 personas ⏰ 1 h y 1/2

1 rape de kg con cabeza, 1 cebolla, 1 ajo, 1 ramita de tomillo, 4 patatas medianas, 8 tallos de cebollino, 25 g de piñones, 1 ajo, 1 ramito de perejil, 1 guindilla pequeña, 1 cucharada de *brandy*, 4 cucharadas de harina, aceite, sal, 2 l de agua.

Productos

El rape y, sobre todo, su cabeza, es uno de los pescados más sabrosos para obtener caldos. Además, produce mucha gelatina, es decir, consistencia y untuosidad.

Procedimiento

Preparamos el caldo: separamos la cabeza de la cola del rape y retiramos las pieles y la espina de la cola. Cortamos la cebolla en trozos y la metemos en una olla con aceite hasta que esté dorada. Añadimos el ajo, el tomillo y la cabeza y las espinas del rape. Lo cubrimos con 2 litros de agua y lo cocemos 1 hora a fuego lento. Lo escurrimos. Tiene que quedar 1 litro y 1/2. Introducimos los lomos de rape y las patatas a trozos y lo llevamos a hervor. Al cabo de 5 minutos, retiramos el rape, y, a los 15, las patatas. Reservamos y, más tarde, cortamos el rape a trozos como las patatas. Trituramos el cebollino pequeño y lo cubrimos de aceite. Lo dejamos así un par de horas. Echamos aceite en una sartén y añadimos el ajo, los piñones y la guindilla. En cuanto tomen color, añadimos la harina y removemos hasta que esté dorada. Lo recogemos todo con un cucharón de caldo y lo trituramos con el perejil y el *brandy*. Lo echamos en la olla de caldo y lo cocemos todo junto entre 10 y 15 minutos. Rectificamos. Colocamos unos trozos de patata y de rape en el centro de platos soperos. Lo rodeamos con un cordón de aceite de cebollino y vertemos el caldo con una jarrita.

Comentarios

Ésta es una receta con una base de cocina tradicional. Sabrosísima y versátil porque puede ser para un día de fiesta o para el día a día.

Parmentier de bogavante

Ingredientes para 8 personas ⏰ 1 h y 1/2

PARMENTIER: 1 kg y 1/2 de patatas, 100 cc de aceite, sal, pimienta. CALDO: 4 bogavantes de 250 a 300 g cada uno, 2 cebollas, 2 zanahorias, 1 puerro, 2 tomates maduros o 1 cucharada de concentrado de tomate, 200 cc de jerez, 100 cc de *brandy*, 1 cayena, una pizca de estragón, mantequilla, aceite, sal, perejil, 1 l de caldo de pescado elaborado sólo con galeras (ver la receta del caldo de pescado).

Productos

La galera es un crustáceo muy sabroso con un sabor dulzón similar al del bogavante o al de las cigalas. De ahí la recomendación para la base del caldo.

Procedimiento

PARMENTIER: cocemos las patatas con su piel. Las pelamos y las convertimos en puré con el aceite, sal y pimienta y, si hace falta, añadimos un poco de agua. CALDO: escaldamos los bogavantes vivos dos minutos y separamos las cabezas de las pinzas y de las colas. Sofreímos las colas, a rodajas, con aceite y las reservamos. Allí mismo preparamos un sofrito con todas las verduras. Ponemos también las cabezas y las pinzas. Incorporamos los vinos, la cayena y el estragón. Lo cubrimos con el caldo de galera y lo cocemos 30 minutos. Quitamos las pinzas, les sacamos las costras y aprovechamos toda su carne. Servimos el *parmentier* en platos soperos con las rodajas de bogavante, la parte más gruesa de las pinzas peladas y perejil encima. Lo mojamos con el caldo.

Comentarios

Los *parmentier* son elaboraciones con base de patata. Se llaman así en honor al farmacéutico francés Auguste de Parmentier, que supo difundir las cualidades de este tubérculo.

Sopa de rabo de buey

Ingredientes para 8 personas  3 horas

1 rabo de buey o de ternera, 4 huesos de costilla de ternera, 3 zanahorias, 1 nabo, 2 cebollas, 2 ajos puerros, 1 rama de apio, 50 g de mantequilla, aceite, 2 clavos, 1 cucharada de granos de pimienta, hierbas: tomillo, orégano, laurel, 4 l de agua, 25 g de azúcar, 2 cucharadas de *ketchup*, 50 cc de vino de Madeira, 50 g de almidón o harina de maíz, sal, la carne de la cola desmigada.

Productos

El rabo de buey, una vez cocido, se convierte en una carne tierna y muy melosa. A veces contiene una cantidad de grasa elevada.

Procedimiento

Desleímos la mantequilla con un chorrito de aceite en una olla grande. Metemos la cola cortada en rodajas y los pedazos de costilla, todo con sal. Lo doramos y, a continuación, añadimos las verduras cortadas en trocitos. Las sofreímos también un poco y lo cubrimos con el agua indicada. Lo cocemos lentamente durante tres horas. También se puede elaborar en una olla a presión y conseguir la cocción con menos tiempo. Hay que espumar el caldo de vez en cuando. Cuando falten veinte minutos para apagar el fuego, añadimos las hierbas secas y las especias. Escurrimos el caldo y lo colamos con un paño para evitar las impurezas. Una vez tibio, lo metemos en la nevera y esperamos que la grasa suba a la superficie. Una vez retirada esta capa de grasa, empezamos la sopa. Llevamos el caldo, de nuevo, a ebullición con las migas de carne del rabo, lo rectificamos de sal, añadimos el azúcar, el almidón disuelto en agua fría, el *ketchup* y el vino. Lo cocemos 20 minutos más y servimos la sopa a la manera clásica en platos soperos.

Comentarios

Una sopa contundente, de sensación cálida y casi un plato único.

Sopa de las cuatro cosas

Ingredientes para 8 personas  1 hora

3 l de caldo fino e intenso: 1 pechuga de gallina, 1 pollo, 1 kg de morcillo de ternera, 4 zanahorias, 2 puerros, 2 ramas de apio. Las cuatro cosas: 1) **Flan:** 4 yemas de huevo, 2 claras, 200 cc de leche, sal, pimienta blanca, nuez moscada. 2) **Albóndigas:** 1/2 kg de picadillo de ternera, 100 g de miga de pan mojada en leche, 1 huevo, sal. 3) **Buñuelos de queso:** 250 g de harina, 2 huevos, 50 g de queso emmental rallado, sal, aceite. 4) **La carne del pollo.** Sopa: el caldo, sal, 100 cc de jerez seco.

Productos

El flan salado es una preparación típica de la cocina burguesa de los siglos XIX y XX que perdura en muchas casas, sobre todo, como complemento de las sopas de Navidad.

Procedimiento

Las cuatro cosas: 1) **Flan:** ponemos una plantilla de papel en el molde. Mezclamos todos los ingredientes en la batidora y los vertemos en la flanera. Lo cocemos en el horno al baño maría a 160 °C durante 20 minutos. 2) **Albóndigas:** mezclamos todos los ingredientes y los cocemos en un cazo con agua y sal. 3) **Buñuelos de queso:** mezclamos todos los ingredientes y elaboramos pequeñas bolitas fritas por inmersión. 4) **La carne del pollo:** desmenuzamos la carne en porciones pequeñas. Sopa: arrimamos el caldo al fuego con sal y el jerez y lo cocemos 15 minutos. Servimos las cuatro cosas en cuatro bandejas diferentes para que cada uno se ponga lo que guste. Una vez en los platos, se moja todo con el caldo, que se puede presentar en sopera y cucharón o en jarrita.

Comentarios

Sólo diremos que tanto elaborar como comer esta sopa es un privilegio: finura, calidez, cambios de sabores y texturas...

Velouté de ceps con su flan y sal de jamón

Ingredientes para 4 personas  1 h y 1/2

Velouté: 6 escalonias, 800 g de ceps congelados, 30 g de harina, 2 l y 1/2 de caldo de pollo, aceite, sal, 100 cc de nata líquida (opcional). **Flan**: 6 yemas de huevo, 3 claras, 1/4 de l de leche, sal, 300 g de ceps congelados salteados con mantequilla y picados. **Sal de jamón**: 100 g de jamón ibérico.

Productos

Los ceps congelados son un producto que tiene muchas y buenas aplicaciones. En todo caso, lo que pierde es textura, pero no sabor, que, contrariamente, aumenta.

Procedimiento

Velouté: rehogamos las escalonias, añadimos los ceps y los salteamos hasta que empiecen a caramelizar. Echamos la harina y removemos. Vertemos el caldo y sal y lo hervimos todo 20 minutos. Lo trituramos y, si es necesario, lo colamos. Lo volvemos al fuego y añadimos la nata líquida. **Flan**: mezclamos todos los ingredientes y los echamos en moldecitos pequeños de flan. Los cocemos en el horno a 160 °C al baño maría, 20 minutos. Los dejamos enfriar y los desmoldamos. **Sal de jamón**: colocamos el jamón bien estirado en una sartén, lo tapamos con papel antiadherente y ponemos un peso encima. Lo dejamos a fuego lento 10 minutos y le damos la vuelta. Lo picamos en un mortero. Servimos la sopa en los platos con el flan y la sal de jamón espolvoreada.

Comentarios

A partir de crujientes como los de la receta podemos elaborar sales con diferentes sabores.

Crema de alcachofa con sus crujientes

Ingredientes para 4 personas 1 hora

1 kg de alcachofas muy tiernas, 1 patata grande, 50 cc de nata líquida, aceite, sal, pimienta, 1 l y 1/2 de agua. **Crujientes**: 2 alcachofas, aceite, sal.

Productos

Recordemos que, actualmente, la época de las alcachofas tiernas y buenas va desde finales de diciembre o principios de enero hasta abril. No merece la pena elaborar esta crema con alcachofas fuera de tiempo.

Procedimiento

Limpiamos las alcachofas y las partimos. Las salteamos en aceite hasta que recuperen el color verde, cuidando de que no adquieran color. Añadimos la patata y lo cubrimos todo con el agua. Echamos la sal y la pimienta. Lo hervimos hasta que todo esté tierno, unos 25 minutos. Lo trituramos y lo colamos, ya que las alcachofas tienen mucha fibra. Añadimos la nata líquida y servimos la crema con los crujientes. **Crujientes**: limpiamos las alcachofas, las cortamos muy finas y las freímos por inmersión a baja temperatura hasta que estén crujientes. Una vez se enfríen, aún se secarán más.

Comentarios

No hay que olvidar los crujientes, son el complemento ideal de la crema, contraste no sólo de texturas, sino también de sabores.

Crema de apío con virutas de parmesano

Ingredientes para 4 personas ⏰ 35 min

1 apio entero, 3 patatas, 1 cebolla, aceite, sal, pimienta blanca, 1 l y 1/2 de caldo vegetal, 100 cc de nata líquida. 50 g de virutas de parmesano.

Productos

El apio es una de las hortalizas con un perfume más pronunciado y, por lo tanto, la patata y la nata la suavizan.

Procedimiento

Cortamos la cebolla fina y la rehogamos en poco aceite unos momentos, sin que adquiera color. A parte, lavamos el apio y lo cortamos en trocitos. Las hojas y los tallos más verdes no se aprovechan en su totalidad. Salteamos el apio en aceite, le damos unas vueltas y, rápidamente, añadimos las patatas y el caldo. Le echamos sal y lo cocemos 25 minutos. Al final, añadimos la pimienta. Lo trituramos todo con la batidora o un robot y luego lo pasamos por el chino. Un momento antes de servir, añadimos la nata líquida y las virutas de parmesano.

Comentarios

En esta crema es imprescindible el paso de colar, ya que el apio tiene mucha fibra y podría resultar desagradable. Es una crema aromática y refrescante y se puede servir fría o caliente.

Sopa de col

Ingredientes para 4 personas ⏰ 35 min

50 g de panceta ahumada cortada gruesa, 1 cucharada de harina, 1 col apretada, 2 patatas, 2 zanahorias, 1 manzana, 4 cucharadas de calvados, sal, pimienta, 1 l y 1/2 de agua, aceite.

Productos

El calvados es un aguardiente de manzana seco, muy apreciado, que da un aroma especial a esta sopa. En caso de no tenerlo, pondremos dos manzanas en lugar de una.

Procedimiento

Sofreímos el tocino en tiras finas con un poco de aceite, añadimos una cucharada de harina y removemos para integrar bien en el aceite. Echamos todas las verduras, cortadas en juliana o en cubos. Lo cubrimos con el agua. Añadimos la sal, la pimienta y el calvados. Lo cocemos 30 minutos y servimos. La sopa tiene que quedar un poco ligada a partir de la harina y el almidón de la patata.

Comentarios

Esta sopa se puede almacenar perfectamente 2 días en la nevera, incluso al día siguiente es mejor. Proporciona un sabor original y nuevo, apto para los amantes de los sabores nuevos y las sorpresas culinarias.

Crema de guisantes con vieiras

Ingredientes para 6 personas ⏰ 1 h y 1/2

1 cebolla, 1/2 kg de guisantes sin vaina, 3/4 de kg de patatas, 2 l y 1/2 de agua, aceite, sal, pimienta blanca, 100 cc de nata líquida, 6 vieiras grandes, 6 ajos tiernos, 1 ramita de menta, 150 cc de aceite.

Productos

Los guisantes, si son frescos, mejor. Se deben escoger los dulces y, si se compran con vaina, deberán pesar al menos 2 kg.

Procedimiento

Salteamos la cebolla, cortada fina, en aceite, siempre en poca cantidad. Una vez rehogada y sin color, añadimos los guisantes y las patatas. Inmediatamente, añadimos el agua y lo cocemos unos 35-40 minutos, o hasta que los guisantes estén blanditos. Lo condimentamos con sal y pimienta y lo trituramos. Lo pasamos por el colador chino o de malla para que quede fino. Antes de servir, añadimos la nata líquida. VIEIRAS: con la mitad del aceite, salteamos los ajos tiernos en rodajitas, añadimos la menta, lo retiramos del fuego y echamos el resto del aceite. Marcamos las vieiras a la plancha. Llenamos platos soperos con la crema, colocamos las vieiras encima y aliñamos con los ajos y su aceite.

Comentarios

Esta crema es de las que, imprescindiblemente, hay que colar, ya que las cáscaras del guisante molestan.

Sopa de guisantes con puerro y jamón

Ingredientes para 4 personas ⏰ 30 min

1 kg de guisantes, 2 l de agua, sal, pimienta blanca, 50 g de virutas de paletilla ibérica, 1 ajo puerro, aceite.

Productos

Para elaborar esta sopa se pueden utilizar guisantes congelados de buena calidad y de piel fina.

Procedimiento

Ponemos el agua a hervir con sal. Echamos los guisantes un poco descongelados. Esperamos a que arranque el hervor y los cocemos 15 minutos. Echamos la pimienta. Lo trituramos y lo pasamos por un colador chino o de malla fina. Si tiene poco cuerpo, lo volvemos al fuego a reducir unos 5 minutos, a fuego fuerte. De todos modos, se trata de una crema más bien líquida. Cortamos el puerro en juliana muy fina y lo salteamos unos minutos en aceite hasta que empiece a dorarse. Colocamos un montoncito de virutas de jamón en medio de cada plato sopero y el puerro salteado alrededor. En la mesa, echamos la sopa bien caliente.

Comentarios

Ésta es una sopita muy sencilla y con mucho sabor a guisante. Cumple una buena función de relación trabajo-calidad.

Crema de garbanzos con avellana

Ingredientes para 6 personas  1 hora

1 kg y 1/2 de garbanzos cocidos, 2 cebollas, 2 l y 1/2 de agua, 100 cc de nata líquida, una pizca de pimentón dulce, sal, aceite.

Productos

Los garbanzos ya cocidos se encuentran envasados o bien en las tiendas de pesca salada junto a otras legumbres que se venden a granel. También se pueden adquirir congelados.

Procedimiento

Cortamos las cebollas finas y las salteamos en aceite, sin que tomen color. Añadimos los garbanzos y el agua. Lo cocemos 15 minutos y lo condimentamos con sal y pimentón. Lo trituramos y lo pasamos por un colador chino o de malla para que quede bien fino. Lo dejamos enfriar. En el momento de servir, añadimos la nata líquida, que es opcional. Aparte, picamos los ajos, asados en el horno, y los mezclamos con las avellanas. Lo picamos hasta obtener una pasta, la desleímos en aceite y vinagre al gusto y añadimos sal y pimentón. Servimos esta salsa en un cuenco aparte para que cada uno se ponga la cantidad que desee.

Comentarios

La nata líquida en esta receta se puede suprimir, ya que queda suficientemente fina y suave. Hay que comprobar que las avellanas estén frescas y no rancias, como ocurre en muchas ocasiones.

Sopa de bacalao

Ingredientes para 4 personas  30 min

1 cebolla, 1/2 pimiento rojo, 1 tomate pequeño, 150 g de bacalao remojado, 2 calabacines, 3 patatas, 50 g de arroz, aceite, sal, 1 ajo, perejil, 1 l y 1/2 de agua.

Productos

El bacalao no sólo sirve como ingrediente protagonista, sino también como condimento y saborizante de muchos platos, como en este caso.

Procedimiento

Cortamos la cebolla y el pimiento en cubitos. Los rehogamos con aceite y, una vez tiernos, añadimos el tomate rallado. Una vez frito y brillante, añadimos el bacalao a trozos, sin espinas. Echamos el calabacín y las patatas en cubitos y, pasados 10 minutos, añadimos el arroz. Lo cocemos 20 minutos más y, en el último momento, echamos una *picada* de ajo y perejil.

Comentarios

Cuando se elabora un sofrito de base para una sopa se debe tener cuidado con el aceite. Hay que utilizar el mínimo posible, para que no suba a la superficie. La *picada* cruda y echada en el último momento resulta más sabrosa elaborada en el mortero, desprende un aroma más intenso.

Crema de castañas con crujiente de avellana

Ingredientes para 4 personas 1 h y 1/4

CREMA: 1/2 kg de castañas asadas, 250 g de setas congeladas variadas (con algún cep), 4 escalonias, sal, aceite, pimienta. **CRUJIENTE:** 50 g de mantequilla derretida, 1 clara de huevo, 15 g de harina, 50 g de avellanas tostadas picadas, 20 g de pan rallado, sal de Maldon.

Productos

Las castañas se pueden comprar tostadas en su época. También se pueden adquirir limpias, peladas, en conserva, al natural.

Procedimiento

CREMA: picamos las escalonias y las rehogamos sin color. Añadimos las setas y, cuando hayan reducido su agua, echamos las castañas asadas, les damos una vuelta y vertemos 1 litro de agua o algún caldillo de verduras. Lo cocemos unos 45 minutos. Lo trituramos y, si es necesario, lo colamos. **CRUJIENTE:** fundimos la mantequilla y la mezclamos con la clara de huevo. Añadimos la harina y lo dejamos reposar 1 hora en la nevera. Extendemos la pasta sobre un papel parafinado y la espolvoreamos con una mezcla de pan rallado, avellanas y sal. La metemos en el horno a 190 °C hasta que esté dorada. Servimos la crema en cuencos o platos. Rompemos el crujiente en trozos grandes para servirlos con la crema.

Comentarios

Sopa eminentemente de otoño: castañas, setas, avellanas..., con toda la calidez de mi amiga Mercè, que me enseñó la receta.

Crema de calabaza con flan de perejil

Ingredientes para 8 personas 1 hora

CREMA: 2 kg de calabaza sin corteza, 1 cebolla, 1 patata, 1 puerro, 1 rama de apio, aceite, sal, pimienta blanca, una pizca de *curry*. **FLAN:** 4 huevos, 200 cc de leche, sal, 2 ramas de perejil.

Productos

La calabaza vivió muchos años en el olvido, maltratada por una sombra de hambre y de guerra. Por fin vuelve a ocupar el lugar que le corresponde en la cocina.

Procedimiento

FLAN: batimos los huevos con la leche, sal y las hojitas de perejil bien picadas. Lo vertemos en pequeñas flaneras individuales con una plantilla de papel parafinado, untado de aceite, en la base. Lo cocemos en el horno al baño maría a 160 °C, 10 minutos. Retiramos los flanes y los dejamos enfriar en la nevera. **CREMA:** partimos la cebolla en trozos y los metemos en una olla con un poco de aceite y el puerro en rodajas. Una vez con color, añadimos la calabaza cortada en cubos, la rama de apio y la patata. Lo cubrimos de agua y lo cocemos 30 minutos. Retiramos el apio y lo trituramos como si fuera un puré. Si es necesario, lo colamos. Añadimos sal, pimienta blanca y un poco de *curry*. Lo hervimos 10 minutos más. Preparamos un aceite de perejil: trituramos unas cuantas hojitas de perejil cubiertas de aceite. Colocamos un flan en cada uno de los platos, lo rodeamos con aceite de perejil y echamos la sopa bien caliente con una jarrita.

Comentarios

El flan es un complemento que se puede omitir cuando queramos elaborar esta sopa de una forma rápida para el día a día.

Crema de lentejas con jamón

Ingredientes para 4 personas 1 hora

150 g de lentejas crudas, 2 patatas, 1 cebolla, 1 puerro, 1 tomate, 1 hueso de jamón, 1 hoja de laurel, 50 g de jamón en virutas, aceite, sal.

Productos

Lentejas, las hay de muchas clases. Si se eligen de cocción rápida, el tiempo de elaboración de la receta se acorta considerablemente.

Procedimiento

Trituramos la cebolla y el puerro y los salteamos en aceite, sin demasiado color. Añadimos el tomate rallado y el hueso de jamón y esperamos a que el tomate esté bien frito. Echamos las lentejas, las patatas y el laurel y lo cubrimos de agua. El tiempo de cocción en una olla a presión son 15 minutos, en una olla normal, 1 hora. Una vez todo cocido, lo trituramos y, si lo deseamos más fino, lo colamos. Salteamos las virutas de jamón en una sartén con unas gotas de aceite y las servimos con la sopa.

Comentarios

Una crema muy nutritiva, apropiada para la cocina de cada día, y una manera de comer legumbres de forma diferente.

Sopa de cebolla gratinada

Ingredientes para 4 personas  1 hora

1 l y 1/2 de caldo de pollo o vegetal, de 4 a 6 cebollas, según el tamaño, 2 cucharadas de harina tostada, 4 rebanaditas de pan de barra de medio, 100 g de queso *gruyère*, sal, aceite, mantequilla.

Productos

La harina tostada es el equivalente del pan tostado, pero con harina. Se prepara en una sartén vieja o de hierro, directamente al fuego y removiendo constantemente con una cuchara de madera, todo bien seco.

Procedimiento

Cortamos la cebolla en una juliana finísima y hacemos un sofrito oscuro con aceite, en la cantidad mínima. En un primer momento, a fuego fuerte para conseguir un buen color dorado, y, a continuación, bajamos el fuego, tapamos la olla o la cazuela y la rehogamos lentamente, añadiendo pequeñas cantidades de agua hasta que esté tierna. Añadimos la harina tostada y removemos. Vertemos el caldo de inmediato y lo cocemos 30 minutos a fuego lento. Lo distribuimos en soperas individuales especiales para horno. En cada una colocamos una tostada y la gratinamos en el horno.

Comentarios

Es importantísimo cocinar la cebolla tal como hemos indicado, ya que, si no, es difícil de digerir. Hay que tener cuidado con el exceso de grasa en el sofrito. Los sofritos de cebolla se pueden almacenar congelados, al igual que el caldo. La harina tostada también se puede envasar en un bote de cristal por unos meses para facilitar este paso.

Crema de avellanas

Ingredientes para 6 personas ⏰ 40 min

100 g de mantequilla, 100 g de harina, 1 l de caldo, 1 l y 1/2 de leche, 150 g de avellanas tostadas, 50 cc de jerez seco, sal, pimienta.

Productos

Las avellanas tienen que estar tostadas y, sobre todo, hay que asegurarse de que sean de calidad y no rancias, como sucede a menudo. Si fuera así, la crema resultaría un desastre.

Procedimiento

Derretimos la mantequilla en un cazo y echamos la harina. Lo freímos un par de minutos y, rápidamente, añadimos la leche. Lo removemos con un batidor manual de varillas y lo hervimos 5 minutos; añadimos el caldo y dejamos que continúe hirviendo. Lo condimentamos y echamos las avellanas tostadas, molidas muy finas con una picadora, y el jerez seco. Al cabo de 5 minutos más, apagamos el fuego y servimos la crema.

Comentarios

Hay que tener cuidado de que no se salgan grumos con la harina, si se remueve con el batidor de varillas es más fácil. Si, al servirla, ha espesado, se puede añadir un poco de leche o caldo. Es una crema de fiesta para un día especial.

Crema de mejillones con *rouille*

Ingredientes para 4 personas ⏰ 35 min

1 kg de mejillones, 2 hojas de laurel, 1 cebolla, 100 cc de vino blanco, 125 g de harina, 25 g de mantequilla, 1 sobrecito de hebras de azafrán, sal, pimienta, 1 l y 1/2 de agua, 12 rebanaditas de pan de barra de *baguette*, 1 ramita de tomillo bien fresca, aceite. SALSA *ROUILLE*: 1 ajo pequeño, 1 tacita de miga de pan mojada con vinagre, pimentón picante, aceite.

Productos

Los mejillones, por ellos mismos, transmiten un fuerte sabor a la sopa si se abren primero y se utiliza su jugo como caldo. La mantequilla se puede sustituir por aceite.

Procedimiento

Abrimos los mejillones con el vino, la cebolla, el laurel y 1 litro de agua. Colamos este caldo y lo reservamos. Cuando estén fríos, sacamos los mejillones de las conchas. Medimos el agua obtenida de los mejillones, hay que obtener 1 litro y 1/2. Si la cantidad fuera superior, hay que reducirla. Derretimos la mantequilla en una olla, cuidando de que no hierva, y echamos la harina y el azafrán. Removemos para que la harina se absorba. Añadimos el caldo de mejillones. Echamos sal y pimienta y lo cocemos 20 minutos a fuego lento. Tostamos las rebanadas de pan. En platos soperos colocamos, en medio, 3 tostadas y 6 mejillones. Acabamos con una pequeña rama de tomillo encima y lo aliñamos con la salsa *rouille*. SALSA *ROUILLE*: picamos los ingredientes en el mortero y los ligamos con aceite. Echamos la sopa con una jarrita o con un cucharón.

Comentarios

Hay que tener cuidado con la sal, ya que el caldo de los mejillones acostumbra a estar fuerte.

Sopa Paul Bocuse

Ingredientes para 4 personas *30 min*

1 l de caldo de carne y pollo con puerro, zanahoria y apio, muy concentrado, 10 g de trufa negra, 150 g de *foie gras*, 4 cucharadas de *matignon*: zanahoria, cebolla, apio, puerro y champiñones a partes iguales cortados en cuadritos pequeños y rehogados con mantequilla, 200 g de hojaldre, 1 yema de huevo.

Productos

El *foie gras* de esta receta tiene que ser crudo, apto para marcar en la plancha y añadirlo a la sopa.

Procedimiento

MATIGNON: cortamos las verduras en cuadritos muy pequeños y los salteamos con mantequilla en una sartén, a fuego muy suave. Una vez tiernos, los repartimos en soperas individuales aptas para el horno. *FOIE GRAS*: lo cortamos en cubos y lo marcamos a la plancha. Lo repartimos, también, en las soperas. Hacemos lo mismo con la trufa rallada. Añadimos el caldo tibio. Pintamos las soperas por la parte de arriba con yema de huevo y las tapamos con el hojaldre muy estirado. Pintamos también el hojaldre. Las metemos en el horno a 250 °C hasta que la costra de hojaldre esté dorada. Servimos inmediatamente.

Comentarios

Hay que servir las soperas con un plato debajo, ya que la forma de comer esta sopa es rompiendo la costra de hojaldre para que se hunda en el líquido.

Crema de gambas con sus crujientes

Ingredientes para 4 personas *1 h y 1/2*

1 cebolla, 1 l y 1/2 de caldo de pescado, 200 g de gambas, 1 cucharada de pimentón dulce, 2 cucharadas de *brandy*, 200 g de pan un poco tostado o seco, 100 cc de nata líquida, sal, pimienta. CRUJIENTES: 50 g de fideos finos de soja o de arroz, aceite.

Productos

Las mejores gambas son las rojas, su sabor es potente y penetrante, aunque para una crema es suficiente con una gamba langostinera congelada de calidad. El caldo puede elaborarse con las cabezas de las gambas.

Procedimiento

CREMA: sofreímos la cebolla con poco aceite y la dejamos dorar. Añadimos las cabezas de las gambas, apretándolas para que suelten sus jugo. Vertemos el caldo (ver la receta del caldo de pescado) o el agua. Añadimos el pimentón. Lo cocemos 10 minutos más. Lo colamos, exprimiendo al máximo las cabezas de las gambas. Lo volvemos al fuego, añadimos la sal, la pimienta, el *brandy* y el pan. Lo hervimos 20 minutos y lo trituramos hasta que quede muy fino. En el momento de servir, añadimos la nata líquida y las colas de las gambas crujientes. CRUJIENTES: echamos los fideos en agua hirviendo y los removemos con un tenedor o con unas pinzas para separarlos. Los cocemos apenas un minuto y los escurrimos. Los remojamos con agua fría y los extendemos encima de un paño. Preparamos la freidora o un baño de aceite que pueda cubrir las gambas y, mientras tanto, las envolvemos con los fideos. Se trata de envolverlas y freírlas inmediatamente. Una vez crujientes, las sacamos, las escurrimos y las servimos con la crema.

Comentarios

Ésta es una crema de fiesta, sobre todo si se acompaña con los crujientes de gamba.

El cocido de Isabel

Ingredientes para 6 personas ⏰ 45 min

1 cebolla, 1 pimiento verde andaluz, 1 tomate, 1 puerro, 1 zanahoria, 2 ó 3 ajos, perejil, laurel, 300 g de chorizo fresco de Jabugo, pimienta en grano, 250 g de garbanzos secos, sal, aceite.

Productos

Si se quiere probar este cocido tal como es, hay que utilizar un chorizo de primera calidad. El cambio es total con un chorizo deficiente.

Procedimiento

El día antes, ponemos los garbanzos en remojo con agua abundante y un puñadito de sal. Al día siguiente, los escurrimos y los lavamos. Cortamos todas las verduras del mismo tamaño y las rehogamos en aceite, es decir, sin que tomen color oscuro. Añadimos los garbanzos, las hierbas, la pimienta y el chorizo entero. Lo cubrimos de agua. Si se utiliza una olla a presión, serán necesarios unos 40 minutos. Si se cocina en una olla normal, lo cocemos a fuego lento hasta que los garbanzos estén tiernos. Tardarán, como mínimo, un par de horas.

Comentarios

Mi amiga Isabel, que es sevillana, prepara este cocido, heredado de su madre, aunque con alguna aportación personal suya. Sólo hay que decir: probadlo.

Crema de espinacas con salmón ahumado

Ingredientes para 4 personas ⏰ 35 min

1 ajo puerro, 2 kg de espinacas frescas, 50 cc de aceite, 75 g de harina, 1 l y 1/2 de leche, 1/2 l de agua, sal, pimienta, 200 g de queso fresco de cabra con sal, 100 g de salmón ahumado cortado bien fino.

Productos

Si las espinacas se compran congeladas, con un paquete de 1/2 kg será suficiente.

Procedimiento

Trituramos el ajo puerro tan pequeño como podamos y lo metemos en una olla con la mitad del aceite. Cuando empiece a disminuir, añadimos el resto del aceite y la harina. Lo removemos hasta que todo esté integrado. Echamos la leche y lo removemos con el batidor de varillas para desleír los posibles grumos. Lo condimentamos con sal y pimienta y, cuando haya hervido 5 minutos, añadimos las espinacas limpias y escurridas. Lo cocemos todo 5 minutos más. Apagamos el fuego y lo pasamos por la batidora hasta que quede bien fino. Al servirlo, añadimos cubitos de queso envueltos en salmón.

Comentarios

Las espinacas, para que estén en su punto, no se deben cocer más de los 5 minutos indicados. Esta crema se puede servir fría o caliente.

Crema de galera

Ingredientes para 6 personas $\bigcirc$ 1 h y 1/2

CALDO: 1 kg y 1/2 de galeras, 2 cebollas, 2 ajos, aceite, 2 l y 1/2 de agua. CREMA: 200 g de pan con miga abundante, sal, pimienta, 50 cc de nata líquida, 5 o 6 tallos de cebollino.

Productos

La galera es uno de los crustáceos más sabrosos del Mediterráneo. En muchos lugares del mundo no se conocen, merece la pena aprovecharlas.

Procedimiento

Doramos la cebolla a trozos irregulares con un chorrito de aceite. Añadimos los ajos sin pelar. Una vez con color, agregamos las galeras y las sofreímos con la cebolla y los ajos, aplastándolas para que suelten jugo. Las cubrimos con el agua indicada y las cocemos 30 minutos. Escurrimos el caldo y lo echamos en una olla. Añadimos el pan un poco secado en el horno. Lo cocemos con el caldo, a fuego lento, 20 minutos. Añadimos sal y pimienta y lo trituramos para que quede fino. Vertemos la nata líquida y servimos con el cebollino picado por encima.

Comentarios

Si el caldo es potente, la crema resulta exquisita. Conviene seguir los pasos y, sobre todo, respetar los ingredientes, que, al ser mínimos, permiten saborear el sabor único de la galera.

Sopa de cigalas y vieiras

Ingredientes para 4 personas  1 hora

CALDO: las cabezas de 1/2 kg de cigalas, 8 vieiras de tamaño grande, 1/2 kg de cigalas, 1/2 kg de galeras, 1 puerro, 1 cebolla, 2 zanahorias, sal, aceite, pimienta, 2 l de agua. GUARNICIÓN: 8 vieiras de tamaño grande, las colas de las cigalas, 1 puerro, 1 zanahoria, aceite, sal.

Productos

Las vieiras o conchas de Santiago no se encuentran siempre ni con facilidad. Actualmente, se pueden adquirir congeladas y limpias, por ejemplo, pequeñas o grandes, con coral o sin, con cáscara o sin, para todos los gustos. Son un recurso a falta de frescas.

Procedimiento

CALDO: en una olla, rehogamos las verduras cortadas pequeñas con aceite, procurando que no adquieran color. Añadimos las galeras y las cabezas de cigala y las sofreímos con los vegetales hasta que empiecen a desmenuzarse. Agregamos el agua y lo hervimos media hora a fuego muy lento. Escurrimos el caldo. GUARNICIÓN: retiramos el caparazón de las cigalas con la ayuda de unas tijeras. Marcamos las vieiras en una sartén con un chorrito de aceite, un minuto por lado. Agregamos las colas de las cigalas, añadimos un poco de sal y pimienta y reservamos. Cortamos el puerro y la zanahoria en juliana muy fina y los salteamos con aceite hasta que empiecen a cambiar de color. Servimos el caldo con las cigalas, las vieiras y las verduritas.

Comentarios

Un caldo exquisito, dulzón, potente en sabor y suave en textura, una buena elección.

Olla de pejepalo

Ingredientes para 4 personas ⏰ 45 min

1 kg de pejepalo, 2 cebollas, 2 tomates, 1 ajo, 1 hoja de laurel, perejil, una pizca de canela, 50 cc de aguardiente, aceite, sal, pimienta, 2 patatas, 250 g de garbanzos hervidos.

Productos

El pejepalo es la tripa seca del bacalao, que se puede adquirir en comercios especializados. Necesita, sin embargo, un remojo de 24 horas. La textura de la tripa es gelatinosa y el caldo que suelta también.

Procedimiento

Dejamos la tripa en remojo en agua fría 24 horas, cambiándole el agua 3 ó 4 veces. La lavamos. La cortamos en tiras y la metemos en una olla cubierta de agua. La llevamos a hervor, la escurrimos y la volvemos a lavar. Preparamos un sofrito de cebolla, ajo y tomate, incorporamos las patatas a trozos, la tripa, el laurel y el perejil. Lo cocemos a fuego lento, con el aguardiente y agua, 15 minutos. Añadimos los garbanzos cocidos y continuamos la cocción 15 minutos más.

Comentarios

Una receta antigua para un plato original y con mucha sustancia.

Caldo trufado con albóndiga crujiente

Ingredientes para 8 personas ⏰ 3 horas

CALDO: 1 pollo, 1 kg de carne de morcillo de ternera, 3 puerros, 1 rama de apio, 6 zanahorias, aceite, sal, 1 bote de jugo de trufa, 3-4 l de agua. ALBÓNDIGA CRUJIENTE: 1/2 kg de pollo picado, 1/2 kg de ternera picada, 2 trufas, 2 huevos, 100 g de miga de pan, 50 cc de leche, sal, harina, 1 paquete de pasta *kataifi*, aceite. GUARNICIÓN: 1 zanahoria, 1 puerro, aceite.

Productos

La pasta *kataifi*, de origen griego y utilizada en muchas elaboraciones dulces del Mediterráneo oriental, se puede adquirir en comercios especializados en comida del mundo. Es una pasta hecha a base de hebras de harina y agua, que, una vez cocida en el horno, adquiere una textura totalmente crujiente.

Procedimiento

CALDO: doramos las carnes a trozos con aceite y añadimos las verduras troceadas. Una vez con color, lo cubrimos con 3 litros y 1/2 de agua. Lo hervimos lentamente 2 horas, lo escurrimos y lo colamos con un paño fino. Tienen que quedar 2 litros y medio. Lo dejamos enfriar en la nevera y lo desengrasamos al máximo. Echamos sal y añadimos el jugo de trufa. Lo hervimos 5 minutos. ALBÓNDIGA CRUJIENTE: formamos las albóndigas amasando bien los ingredientes indicados. Les damos forma redonda y de un tamaño de ración. Las enharinamos y las cocemos 20 minutos en agua y sal. Las escurrimos y las dejamos enfriar en la nevera. Envolvemos las albóndigas en pasta *kataifi*. Las untamos de aceite y las metemos en el horno a 200 °C, 7 u 8 minutos. Colocamos las albóndigas en los platos con la zanahoria y el puerro en juliana, salteados con aceite. Echamos el caldo con una jarrita.

Comentarios

Otra versión para el caldo o sopa de Navidad, con los mismos sabores y formas diferentes.

Crema rápida de patatas y setas

Ingredientes para 4 personas 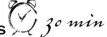 *30 min*

1 puerro, 1/2 kg de patatas, 5 g de ceps secos, aceite, sal, 1 l y 1/2 de agua, 4 cucharadas de nata líquida.

Productos

Los ceps o *boletus* secos son un buen recurso que podemos tener siempre en casa, para dar sabor a muchos platos o improvisar alguno.

Procedimiento

Rehogamos el puerro en rodajitas con aceite hasta que esté transparente. Añadimos las patatas troceadas en un tamaño medio e incorporamos los ceps un poco picados. Como tienen que hervir, no hay que dejarlos en remojo previamente. Lo cubrimos con el agua y lo hervimos a fuego lento, 20 minutos. Una vez finalizado, lo trituramos todo y, antes de servir, echamos la nata líquida, si optamos por hacerlo.

Comentarios

La nata líquida es un producto que da un acabado aterciopelado a las cremas, así como a otros platos. Hay que utilizarla en su justa medida. Si alguien opta por un plato más saludable, la puede omitir.

Sopa de rúcula con queso de cabra

Ingredientes para 4 personas 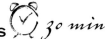 *30 min*

SOPA: 300 g de rúcula, 1 puerro, 2 patatas grandes, 2 l de agua, sal, pimienta, aceite. GUARNICIÓN: 4 rodajas de queso de cabra, harina, aceite.

Productos

La rúcula es una planta que crece salvaje en los campos labrados, muy pegada a la tierra. Tiene unas hojitas de color verde intenso, delgadas y alargadas, y la flor de la planta es de color amarillo. Años atrás, las rúculas se recogían y se comían mezcladas con la lechuga. Su sabor astringente y picante da relieve a la ensalada. Actualmente, la rúcula está de moda por el uso que hace de ella la cocina italiana, por lo que se cultiva mucha y de diferentes variedades, con hojas más anchas, similares a las espinacas.

Procedimiento

SOPA: salteamos el puerro en rodajitas con aceite, sin que tome color, y echamos la patata troceada. Lo cubrimos con el agua, agregamos sal y pimienta y lo hervimos 20 minutos. Añadimos las rúculas y hervimos 7 u 8 minutos más. Lo trituramos y, si la sopa no queda suficientemente fina, la colamos. GUARNICIÓN: enharinamos las rodajas de queso y las pasamos por una sartén muy caliente con unas gotitas de aceite. Las dejamos 30 segundos de cada lado y las servimos con la sopa.

Comentarios

Esta sopa se puede servir fría o caliente, siempre con el queso recién hecho. A pesar de probarla en caliente, produce una sensación muy refrescante.

Sopa de verduras con champiñones

Ingredientes para 4 personas ⏰ *30 min*

250 g de champiñones, 2 patatas, 1 cebolla, 1 zanahoria, 1 ramito de perejil, 1 rama de apio con hojas, 20 g de harina, aceite, 1 hoja de laurel, pimienta, sal, 1 l y 1/2 de agua.

Productos

Los champiñones son un tipo de setas que tienen poca conservación. Para esta receta, tienen que estar muy frescos, si no, el resultado es de un color poco agradable.

Procedimiento

Pelamos y cortamos en cubos muy pequeños todas las verduras. Las salteamos en una olla con aceite, procurando que no se doren, hasta que estén brillantes. Añadimos la harina, la tostamos un poco y vertemos el agua. Incorporamos la hoja de laurel, sal y pimienta y lo hervimos a fuego lento 25 minutos. Servimos la sopa bien caliente.

Comentarios

Una sopita fácil y rápida con un buen sabor a champiñón. Un recurso para el día a día.

Velouté de cigalas con aros de cebolla

Ingredientes para 4 personas ⏰ *45 min*

CALDO: las cabezas de 12 cigalas, 1/2 kg de galeras, 1 zanahoria, 1 puerro, 1 cebolla, aceite, 1 l y 1/2 de agua. *VELOUTÉ*: 30 g de mantequilla, 40 g de harina, 1 l de caldo, 50 cc de jerez seco, sal, 100 cc de nata líquida. GUARNICIÓN: Aros de cebolla: 1 cebolla, harina, sal, pimienta, aceite, las colas de las cigalas.

Productos

Los vinos de Jerez y de aperitivo han sido muy utilizados en la cocina de ascendencia francesa. Son aromatizantes que hay que saber utilizar en la medida justa para que no adquieran demasiado protagonismo.

Procedimiento

CALDO: salteamos las verduras sin que tomen color, añadimos las galeras y las cabezas de las cigalas, lo sofreímos y lo cubrimos con el agua. Lo cocemos 30 minutos y lo escurrimos. *VELOUTÉ*: fundimos la mantequilla en un cazo, añadimos la harina, removemos hasta que esté bien integrada y vertemos el caldo. Añadimos el vino y lo hervimos a fuego lento 10 minutos. Si decidimos agregar nata líquida, lo dejamos para el final. GUARNICIÓN: Aros de cebolla: cortamos la cebolla en aros y la rebozamos con harina, sal y pimienta. Los freímos por inmersión, es decir, en un buen volumen de aceite caliente. Los escurrimos y colocamos unos cuantos en cada plato, con 3 colitas de cigala pasadas por una sartén con aceite, sal y pimienta. Echamos el caldo con una jarrita.

Comentarios

Es una crema finísima para compartir con gente de paladar agradecido. Y en cuanto se prueba, hay que repetir.

Caldo de cigalas con patatas moradas y pistachos

Ingredientes para 8 personas 1 hora

1 kg de cigalas grandes, 1/2 kg de galeras, 2 puerros, 2 zanahorias, 2 cebollas, 1 ramita de estragón, 2 cucharadas de *brandy*, sal, aceite, 6 patatas moradas, 50 g de pistachos pelados y crudos, aceite, sal de Maldon.

Productos

Las patatas moradas, más propias de países latinoamericanos que europeos, se pueden encontrar con bastante facilidad en nuestros mercados. Generalmente son pequeñas, poco redondeadas y tienen un sabor dulzón y textura harinosa, entre la patata y la yuca.

Procedimiento

CALDO: cortamos las hortalizas en cubitos y las rehogamos en aceite a fuego lento. Añadimos las galeras, las cabezas de las cigalas y las pieles de las colas. Las colas, las reservamos. Echamos agua y lo hervimos 1 hora. Escurrimos el caldo y lo volvemos al fuego hasta que queden 2 litros. Condimentamos con sal, el *brandy* y el estragón. **PATATAS:** las cocemos enteras en agua y las reservamos. **ACEITE DE PISTACHO:** echamos los pistachos en el bote de la batidora con aceite y los trituramos. Marcamos las cigalas a la plancha o en una sartén unos segundos. Cortamos las patatas a rodajitas y las colocamos en el fondo del plato con las cigalas y una pizca de sal de Maldon. Aliñamos con el aceite de pistacho. Servimos el caldo en jarrita.

Comentarios

Un caldo consistente con una presentación impecable y apetitosa.

Crema de gallina con huevo *poché*

Ingredientes para 4 personas 30 min

1 l de caldo de pollo y/o gallina bien concentrado, 50 g de harina de arroz, 1/4 de l de leche, 50 cc de jerez seco. **HUEVOS** *POCHÉ*: 4 huevos, 2 cucharadas de vinagre, 1 trufa, sal.

Productos

La trufa es un hongo muy apreciado en la cocina por el aroma que desprende y por su capacidad de transmitir sabor. Entre las más conocidas destacan la trufa blanca o de Bolonia, poco consumida en la cocina casera, y la trufa negra o *Tuber melanosporum*, seguramente la más conocida y consumida, aunque actualmente su elevado precio provoca que se tenga que recurrir a la trufa marrón o de verano, *Tuber aestivium*, de muy buena calidad y sin punto de comparación con otras especies, como la *Tuber indicum*, más bien insípida.

Procedimiento

Ponemos el caldo a hervir con el jerez. Disolvemos la harina de arroz con la leche en frío y lo echamos en el caldo. Lo cocemos 15 minutos a fuego muy lento. **HUEVOS** *POCHÉ*: cascamos los huevos uno por uno y los envolvemos con papel film resistente al calor y untado con aceite, con un molde que les sirva de base. Los cocemos por el sistema de escalfado: llenamos un cazo con agua y unas gotas de vinagre. Lo llevamos a hervor. Echamos los huevos y en el mismo momento bajamos el fuego para que no hierva, que sólo tiemble. Contamos 4 minutos justos. Los sacamos y los dejamos enfriar un poco. Desenvolvemos los huevos y los colocamos en los platos, rallamos trufa por encima y echamos la crema sin que los cubra totalmente.

Comentarios

Una crema antigua y finísima espesada con harina de arroz, antes de que se usaran otros farináceos como el almidón o la patata.

Sopa de marisco, crema y huevos

Ingredientes para 4 personas ⏰ 35 min

1/2 kg de bacalao fresco, 1/4 de kg de mejillones, 1/4 de kg de gambas, 1 cebolla, 1 puerro, 2 patatas, 1 yema de huevo, 100 g de nata líquida, pan para tropezones, 1 ramita de hinojo, 1 l y 1/2 de agua, mantequilla, aceite, sal.

Productos

Para esta sopa podemos utilizar gambas langostineras congeladas, siempre escogiendo las mejores.

Procedimiento

Salteamos las cabezas de las gambas con aceite. Echamos 1/2 litro de agua y las cocemos 10 minutos. Las escurrimos. En otra olla, rehogamos con mantequilla y aceite la cebolla y el puerro picados. Incorporamos las patatas troceadas en un tamaño pequeño. Lo mojamos con el caldo de gambas y el resto del agua. Lo hervimos todo 20 minutos. Colocamos un colador encima de la olla, ponemos los mejillones y los cocemos con este vapor. Abrimos los mejillones y los echamos a la sopa con las colas de las gambas y el bacalao a trozos. Lo cocemos 7 u 8 minutos más con la sal. Al final, batimos la yema de huevo con la nata y apagamos el fuego. Echamos esta mezcla con el hinojo en la olla y servimos la sopa con tropezones de pan frito.

Comentarios

Una sopa para el día a día, de raíces nórdicas, muy diferentes a las mediterráneas.

Crema de rebozuelos anaranjados con crujiente de jamón

Ingredientes para 4 personas ⏰ 45 min

CREMA: 1 puerro, 1 rebanada grande de pan tostado, 300 g de rebozuelos anaranjados, sal, aceite, 100 cc de nata líquida. CRUJIENTE: 50 g de virutas de jamón ibérico.

Productos

El rebozuelo anaranjado es una seta de tallo fino de color anaranjado con el sombrero muy pequeño de color marrón. Crece en colonias y, por lo tanto, cuando se encuentran, es en cantidad. Tiene un sabor penetrante de sotobosque y es ideal para rellenos, sopas y salsas.

Procedimiento

CREMA: pelamos y cortamos la cebolla y el puerro en trozos. Los salteamos a medio color en una olla con aceite. Echamos los rebozuelos limpios. Una vez salteados, lo cubrimos de agua, añadimos la rebanada de pan tostado y sal y lo hervimos 30 minutos. Lo trituramos hasta que quede bien fino. Rectificamos de sal, si hace falta, y añadimos la nata líquida. Una vez arranque de nuevo el hervor, apagamos el fuego. CRUJIENTE: ponemos el jamón bien estirado en una sartén, la tapamos con papel antiadherente y ponemos un peso encima. Lo dejamos a fuego lento 10 minutos, dándole una vuelta. Servimos la sopa en los platos con un crujiente en cada uno.

Comentarios

Los rebozuelos anaranjados suelen llegar muy llenos de pinocha y tierra. Deben ponerse en remojo y, con paciencia, limpiarlos. Antes de cocinarlos, hay que escurrirlos al máximo.

Sopa de brócoli

Ingredientes para 4 personas  45 min

1 brócoli verde de tamaño pequeño, 2 patatas, 2 puerros, 40 g de harina, aceite, sal, 1 l y 1/2 de agua, perejil.

Productos

Brócolis, los hay de diferentes clases. En esta ocasión nos referimos al brócoli verde tradicional y no al brócoli de color verde más oscuro.

Procedimiento

Cortamos los puerros en rodajas gruesas y las salteamos con el aceite sin que tomen mucho color. Hay que cocinar el puerro a fuego lento para que no tome demasiado color, en este caso sabría a hierba seca. Añadimos la harina, la disolvemos con cuidado, removemos y echamos el agua. Cortamos las patatas y el brócoli y los añadimos a la olla. Agregamos la sal y lo cocemos 30 minutos. Tiene que quedar como una crema ligera. A la hora de servir, espolvoreamos perejil picado por encima.

Comentarios

Sopas de verduras, se pueden improvisar muchísimas. A veces quedan restos de vegetales en la nevera o en la despensa. Se trata de hacer una combinación con sabores que nos gusten y convertirlos en sopa.

Puré de patata con verduritas salteadas

Ingredientes para 4 personas 1 hora

Puré: 3 patatas medianas, 1 l y 1/2 de agua, sal, pimienta, nuez moscada, 25 g de mantequilla. Verduras: 2 zanahorias, 1 puerro, 2 ramas de apio, 1 chirivía, aceite, sal, pimienta.

Productos

La chirivía es una raíz de forma parecida a la zanahoria y de color blanco amarillento. Tiene un sabor particular, un poco anisado.

Procedimiento

Puré: pelamos las patatas y las cortamos a trozos medianos. Las metemos en una olla con el agua y las hervimos con un poco de sal 20-25 minutos, o hasta que estén tiernas. Lo trituramos para convertirlo en un puré más bien clarito. Condimentamos con nuez moscada y pimienta y echamos la mantequilla. Verduras: las pelamos, las lavamos y las cortamos en juliana fina. Las salteamos en una sartén con aceite, sal y pimienta hasta que se hayan ablandado un poco, aunque con un punto de crujiente. Colocamos un montoncito en cada plato y añadimos el puré.

Comentarios

Sopita para las cenas del día a día, que incluye farináceo, la patata, y verduras, un plato equilibrado. Si se desea más saludable, se elimina la mantequilla del puré y se sustituye por un chorrito de aceite.

Crema de cangrejos

Ingredientes para 4 personas *1 hora*

2 l de caldo de pescado hecho con abundancia de cangrejos (ver la receta del caldo de pescado), 1 cangrejo grande del tipo buey de mar, 3 ajos puerros, aceite, 150 g de harina, sal, pimienta, 2 cucharadas de salsa Perrins, 100 cc de nata líquida, 5 ó 6 tallos de cebollino.

Productos

El buey de mar es un tipo de cangrejo grande con unas pinzas gruesas y muy carnosas.

Procedimiento

Para el caldo, ver la receta del caldo de pescado. En este caso, se puede suprimir el pescado de espina por el mismo peso en cangrejos. Una vez finalizado el caldo, introducimos el cangrejo grande y lo hervimos 20 minutos. Lo retiramos y lo dejamos enfriar. Más tarde, lo abrimos y vaciamos su carne. Las conchas se pueden echar en el caldo. En una olla, ponemos un chorrito de aceite. Sofreímos el ajo puerro picado muy pequeño y, cuando esté transparente, añadimos la harina, removemos y, una vez empiece a hervir, añadimos el caldo, removiendo con el batidor manual de varillas. Condimentamos con sal, pimienta y la salsa Perrins. Al cabo de 15 minutos, lo pasamos por un colador chino o de malla y lo dejamos enfriar. En el momento de servir, echamos la nata líquida, el cebollino picado pequeño y la carne del cangrejo bien desmenuzada.

Comentarios

Si el caldo es potente, la crema resulta exquisita. Conviene seguir los pasos y, sobre todo, respetar los ingredientes. Se puede hacer un día que, por casualidad, se encuentre un buen cangrejo en el mercado. Es una buena sorpresa.

Puré de alubias con brick de butifarra negra

Ingredientes para 4 personas *1 hora*

Puré: 200 g de alubias blancas crudas, 1 zanahoria, 1 puerro, 1 ramita de apio, 1 cebolla, aceite, sal. **Bricks:** 2 hojas de pasta brick o filo, 200 g de butifarra negra.

Productos

Alubias, las hay de muy distintas clases. Por ello, en esta receta recomendamos escoger las más apropiadas para convertirlas en puré.

Procedimiento

Puré: cortamos las verduras de forma regular y más bien pequeñas. Las rehogamos con aceite en una olla. Añadimos las alubias, lo cubrimos con el agua y lo cocemos 1 hora a fuego lento. Una vez las alubias están tiernas, lo trituramos y lo colamos para obtener un puré fino. **Bricks:** estiramos la pasta brick o filo y la cortamos en cuadros individuales. Cortamos la butifarra en rodajas un poco gruesas y las envolvemos en la pasta. Metemos estos paquetitos en el horno a 200 °C, 7-8 minutos. Colocamos los bricks en los platos y los cubrimos con el puré de alubias hasta la mitad.

Comentarios

Aunque es una sopa fácil y muy normal, tiene una gran presencia que le confiere un aire festivo.

Porrusalda

Ingredientes para 6 personas — 1 hora

250 g de bacalao desmigado y desalado, 300 g de patatas, 4 puerros, 2 ajos, 2 zanahorias, pimienta negra, 1 hoja de laurel, aceite, sal, 1 cucharadita de pimentón dulce.

Productos

El bacalao apropiado para esta receta es el que se vende ya desmenuzado en trozos pequeños. Para comerlo en su punto hay que dejarlo en remojo 4 ó 5 horas, con un cambio de agua.

Procedimiento

Colocamos el bacalao en una olla cubierto de agua fría. Lo llevamos a ebullición y, enseguida, lo escurrimos y reservamos el agua. Echamos aceite en una cazuela y doramos los ajos. Añadimos los puerros, las zanahorias y las patatas en trozos regulares. Lo rehogamos unos 5 minutos y lo cubrimos con el agua del bacalao, y más si es necesario. Incorporamos las especias y lo cocemos a fuego lento 35 minutos. Añadimos el bacalao desmenuzado y continuamos la cocción 10 minutos más.

Comentarios

Éste es un plato normal en el País Vasco y que, como todas las recetas tradicionales y queridas, presenta múltiples variantes con el denominador común del bacalao, las patatas y, desde luego, los puerros.

Consomé gelé

Ingredientes para 8 personas — 45 min

2 l de caldo agregando, además, 1/2 pata de ternera (ver la receta del caldo para sopa), 100 g de picadillo de ternera, 1 zanahoria, 1 puerro, 1 clara de huevo, 50 cc de jerez seco, sal, 1 trufa negra.

Productos

En este caso, hay que convertir un caldo en gelatina, por eso es imprescindible que se incluyan huesos, pata de ternera o rabo de cerdo.

Procedimiento

Una vez hecho, escurrido y desengrasado el caldo, lo arrimamos al fuego. En cuanto empiece a hervir, echamos una albóndiga hecha con el picadillo, el puerro y la zanahoria también picados y la clara de huevo. Lo hervimos a fuego muy lento hasta que el caldo reduzca a la mitad y quede totalmente transparente. Hacia el final, añadimos la sal y el jerez. Colamos el caldo pasándolo por un paño fino, para que quede limpio de cualquier impureza. Lo dejamos enfriar y lo metemos en la nevera. Al cabo de unas horas, lo desmoldamos y lo cortamos en cubos, ya que estará totalmente solidificado. Lo servimos en tazones de consomé con la trufa rallada encima.

Comentarios

Un plato del todo clásico para sibaritas de la cata y gente interesada en conocer todo tipo de cocinas.

Gazpacho de fresones

Ingredientes para 4 personas 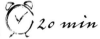 *20 min*

500 g de fresones, 1 ajo minúsculo o 1/2, 1 cebolla pequeña, 1/2 pepino, 1 pimiento rojo, 4 ó 5 hojas de menta fresca, 150 cc de aceite, 50 cc de vinagre, sal, pimienta blanca.

Productos

Los fresones, que, como sabemos, son una fruta, han ganado terreno, también, en la cocina salada, como salsa, guarnición o este gazpacho.

Procedimiento

Pelamos la cebolla y el ajo y los echamos a la trituradora. Añadimos el pimiento, el pepino, también pelado, y los fresones. Una vez bien fino, agregamos el aceite, la sal y el vinagre. Continuamos batiendo hasta que todo esté unido. Incorporamos las hojitas de menta y lo metemos en la nevera un par de horas. Servimos como primer plato o como bebida.

Comentarios

Una sopa fría, refrescante y muy primaveral.

Crema de remolacha con germinado de rábanos

Ingredientes para 4 personas  *1 hora*

CREMA: 2 cebollas, 1 paquete de remolachas cocidas y envasadas al vacío, aceite, sal, 100 g de harina, 1 l y 1/2 de caldo vegetal (ver la receta del caldo vegetal) o de agua, 100 cc de nata líquida. GUARNICIÓN: 1 cebolla pequeña, 1 cajita de germinado de rábano, 1 pizca de estragón, perejil, aceite, sal, 2 cucharadas de vinagre.

Productos

Para la cocción de la remolacha es muy útil la olla a presión. Para sopas, recomendamos las remolachas que vienen ya hervidas, porque son más fáciles de cocinar y porque su sabor es mucho más intenso que en las crudas.

Procedimiento

CREMA: echamos aceite en una olla, salteamos la cebolla cortada fina y, antes de que tome color, añadimos la harina. Removemos para que se absorba. Incorporamos la remolacha en trocitos y sal, y lo hervimos de 10 a 15 minutos. Lo trituramos hasta que esté fino. Antes de servir, añadimos la nata líquida. GUARNICIÓN: preparamos un picadillo fino con la cebolla y las hierbas y lo mezclamos con los germinados. Lo salamos y lo aliñamos con aceite y vinagre. Presentamos la crema con la guarnición aparte para que cada comensal se sirva a su gusto.

Comentarios

Para conseguir un sabor más contrastado, podemos añadir 50 cc de vinagre y 25 g de azúcar durante la cocción. Se puede servir fría o caliente. Es un plato bastante especial, ya que nuestra cocina no utiliza mucho la remolacha.

Sopa de tomate con bolitas de queso y olivada

Ingredientes para 4 personas ⏰ 35 min

1 kg de tomates maduros y con pulpa, 100 cc de aceite, sal, el zumo de 1/2 limón, gotas de tabasco al gusto, 1 ramillete de albahaca fresca, 250 g de queso de cabra cremoso, un bote de pasta de aceituna negra, aceite.

Productos

La *olivada* o pasta de aceituna negra la encontramos en conserva en los comercios de comestibles. También existe en la variedad de aceituna arbequina, que suele ser más suave de sabor. Se puede usar la que más guste.

Procedimiento

Limpiamos los tomates y los troceamos. Los ponemos en un bote para triturar, hacemos un puré y lo colamos. Añadimos el aceite, la sal, el limón y el tabasco y lo mezclamos con la batidora. Lo dejamos en la nevera un par de horas. Con un tenedor, mezclamos el queso con una cucharada de pasta de aceituna negra y hacemos pequeñas bolitas. Disolvemos otra cucharada de pasta de oliva en aceite. Deshacemos las hojas de albahaca en 4 pequeños *bouquets*, uno para cada plato. Colocamos 3 bolitas por persona en el centro de platos hondos. Ponemos la albahaca. Hacemos un cordoncito de aceite de oliva negra alrededor. Rellenamos una jarrita con la sopa de tomate y la vertemos con cuidado junto a las bolitas.

Comentarios

En verano el tomate es la hortaliza por excelencia, por eso se tienen que ir probando variantes, como esta sopa.

Crema de tomate con albahaca y chips de calabacín

Ingredientes para 4 personas ⏰ 1 hora

1 cebolla grande, 1 kg de tomates maduros, 2 patatas, 1 l y 1/2 de agua, 1 rama de albahaca fresca, 25 g de azúcar, 100 cc de nata líquida (opcional), 1 calabacín, aceite, sal.

Productos

La albahaca es una planta de verano, conocida por la salsa *pesto* de los espaguetis. Es recomendable utilizarla fresca, ya que en seco su sabor es completamente diferente.

Procedimiento

Echamos aceite en una olla e incorporamos la cebolla cortada fina, sin que tome color. Cuando esté blandita, añadimos el tomate troceado. Lo cocemos a fuego fuerte durante 10 minutos. Seguidamente, y cuando el agua del tomate haya reducido un poco, añadimos la patata cortada fina. Agregamos el agua y lo cocemos todo unos 20 minutos. Echamos la sal, el azúcar y la albahaca y lo dejamos en infusión 5 minutos. Después, lo trituramos y lo pasamos por el colador chino o de malla. Antes de servirla, añadimos la nata líquida, que, en este caso, no es imprescindible. Servimos con los chips: cortamos el calabacín muy fino con una mandolina o un pelador. Lo freímos por inmersión, a fuego muy suave, para que los chips se sequen de manera uniforme.

Comentarios

La crema de tomate se elabora con menos cantidad de agua que otras, ya que el mismo producto contiene suficiente. Julio, agosto y septiembre son los meses en que los tomates están en su mejor punto. Se puede servir fría o caliente.

Gazpacho de piquillos con laminillas de bacalao

Ingredientes para 6 personas ⏰ *20 min*

2 latas de pimientos del piquillo, 6 tomates maduros, 2 pepinos, 1/2 diente de ajo pequeño, aceite, vinagre, 1/4 de l de agua, sal. GUARNICIÓN: 2 trozos de bacalao de 150 g, aceite, 1 rama de albahaca fresca.

Productos

Para los gazpachos recomendamos el vinagre tradicional y no el tipo balsámico, ya que el primero es de sensación más refrescante y nos acerca más al origen de los gazpachos.

Procedimiento

Ponemos los pimientos, el pepino pelado, los tomates y el ajo en la trituradora. Lo dejamos bien fino y lo colamos. Añadimos la sal, el aceite, el vinagre y el agua y lo batimos hasta que esté bien ligado. Lo dejamos en la nevera hasta la hora de servir. GUARNICIÓN: cocemos el bacalao en el microondas entre 3 y 4 minutos, procurando no destruirle la gelatina. Lo dejamos enfriar y hacemos laminillas. Lo aliñamos con aceite macerado con albahaca varias horas o días.

Comentarios

Los aceites de sabores se pueden elaborar en frío, es decir, dejando en infusión los ingredientes gustativos como hierbas o especias con el aceite, o bien se puede calentar un poco el aceite sin que llegue a hervir y hacer la infusión de esta manera.

Sopa de tomate con marisco

Ingredientes para 6 personas ⏰ *30 min*

1 kg de tomates maduros y con pulpa, 100 cc de aceite, el zumo de 1/2 limón, gotas de tabasco al gusto, 1 aguacate, 8 gambas, 1/2 kg de mejillones de roca, 10 tallos de cebollino, 100 cc más de aceite, sal y sal de Maldon.

Productos

Recomendamos los mejillones de roca por una cuestión de tamaño y de presentación del plato.

Procedimiento

Limpiamos los tomates y los troceamos. Hacemos puré con la ayuda de una trituradora y lo colamos. Añadimos el aceite, la sal, el limón, el tabasco y lo mezclamos con la batidora. Lo dejamos en la nevera un par de horas. Cortamos el cebollino en pequeñas rodajas y lo mezclamos con el aceite. Lo dejamos macerar 3 ó 4 horas. Justo antes de servir el plato, pelamos y cortamos el aguacate en cubos pequeños. Marcamos las gambas, ya peladas y sin cabeza, a la plancha unos segundos. Abrimos los mejillones al vapor. Colocamos el aguacate en el centro de platos soperos rodeado de tres mejillones. Ponemos las gambas encima con sal de Maldon. Aliñamos con aceite de cebollino y servimos. Echamos la sopa con una jarrita.

Comentarios

Ésta es una sopa refrescante y totalmente de verano que impresiona la vista y gusta al paladar.

Gazpacho de sandía

Ingredientes para 4 personas ⏰ 40 min

GELATINA DE ALBAHACA: 1 ramillete de albahaca fresca, 1/4 de l de agua, sal, 3 hojas de gelatina. **GAZPACHO:** 750 g de sandía limpia, 1 pepino, 1 yogur natural, 1 cucharada de cebolla, 1/2 pimiento rojo, 6 cucharadas de aceite, sal, vinagre tradicional, otro yogur.

Productos

La albahaca, planta aromática de verano, es muy conocida como ingrediente principal de la salsa *pesto*. También puede utilizarse para aromatizar aceite o condimentar.

Procedimiento

GELATINA DE ALBAHACA: llevamos el agua a ebullición, agregamos las hojas de albahaca, echamos sal y lo tapamos 5 minutos. Podemos optar por quitar las hojas o triturarlas. Aparte, ponemos las hojas de gelatina en remojo en agua fría. Una vez blandas, las escurrimos y las mezclamos con la infusión caliente. Llenamos los vasitos hasta algo menos de la mitad y los dejamos enfriar en la nevera hasta que gelatinicen. **GAZPACHO:** trituramos todos los ingredientes pelados, salvo el pimiento, sin olvidar el yogur. Aliñamos con el aceite, sal y vinagre tradicional al gusto. Si queda suficientemente fino, no es necesario colarlo. Lo enfriamos en la nevera y lo echamos encima de la gelatina. En el momento de servir, ponemos una cucharadita de yogur y una hojita de albahaca fresca en la parte superior.

Comentarios

El sabor de este gazpacho es tan sorprendente que a menudo provoca especulaciones sobre sus ingredientes, que difícilmente adivina alguien.

Sopa de pepino con yogur y aire de menta

Ingredientes para 4 personas ⏰ 25 min

SOPA DE PEPINO: 1/2 cebolla pequeña, 4 pepinos grandes y bien frescos, 4 yogures naturales, sal, 1 cucharadita de café de comino en polvo, 50 cc de aceite. **AIRE DE MENTA:** 5 g de lecitina de soja, 1 rama de menta fresca, 50 cc de agua.

Productos

El pepino es una de las hortalizas de verano más refrescantes. Sin duda los mejores son los recién recogidos.

Procedimiento

SOPA DE PEPINO: pelamos los pepinos y la cebolla, los troceamos y los echamos en una batidora o robot para triturar. Cuando obtenga aspecto de puré, añadimos los yogures, el comino, la sal y el aceite. Lo metemos en la nevera 3 ó 4 horas: hay que servirla muy fría. Si se desea la sopa más líquida, se puede añadir un vaso de agua. Si se quiere más cremosa, se echan los yogures sólo removiendo, ya que la fuerza de la batidora los licua totalmente. **AIRE DE MENTA:** echamos la lecitina con el agua y la menta un poco picada en el bote de la batidora. Lo batimos a velocidad baja, haciendo entrar aire. Una vez haya crecido en forma de espuma, colocamos dos cucharadas encima de cada sopa. Si hay que prepararlo con antelación, se puede reservar en el congelador. Esto evita tener que hacerlo al momento.

Comentarios

Aunque el pepino tiene muchos detractores, ésta es una de las sopas de verano más refrescantes del Mediterráneo. Si no se habla de ingredientes, todo el mundo la encontrará buenísima. Comprobado.

Gazpacho de manzana ácida

Ingredientes para 4 personas  35 min

2 manzanas ácidas, 1/2 pepino, 1/2 pimiento verde, 1 cuchara-da de cebolla, 6 cucharadas de aceite, gotas de vinagre tradi-cional, 5 g de *curry*, sal. GUARNICIÓN: el resto del pimiento verde, aceite.

Productos

En los gazpachos, recomendamos el uso de vinagre tradicio-nal. Tiene un punto más de ácido que los balsámicos y nos acerca más al sabor original de los gazpachos. También es más refrescante.

Procedimiento

Pelamos el pepino y la cebolla y los trituramos. Echamos tam-bién las manzanas, el pimiento verde, sal, el aceite, vinagre y el *curry*. Una vez bien fino, lo colamos para apartar la fibra y lo metemos en la nevera. En el momento de servir, lo echamos en recipientes individuales y lo adornamos con unas tiras muy finas del pimiento verde que ha sobrado.

Comentarios

Éste es un gazpacho de los más refrescantes que encontra-réis en todo el libro. Sólo hay que tener cuidado en mezclar el vinagre con la manzana desde el primer momento. El ácido hará que la mezcla conserve un color claro sin oxidar.

Vichyssoise con tempura

Ingredientes para 4 personas 1 hora

1 kg de ajos puerros limpios, 1/2 kg de patatas, 25 g de mante-quilla, aceite, 2 l de caldo vegetal, 1 cucharadita de café de *cu-rry*, sal, pimienta, 200 cc de nata líquida. TEMPURA: 1 calabacín, 1 zanahoria, 1 puerro, harina de tempura, agua, sal, aceite.

Productos

El *curry* no es una sola especie, sino una mezcla de muchas y variadas. En este caso, con uno convencional es suficiente.

Procedimiento

Pelamos y cortamos los ajos puerros en rodajas. Los echa-mos en una olla con la mantequilla y un chorrito de aceite. En cuanto pierdan la forma, y sin que tomen color, añadimos las patatas cortadas finas. Agregamos el caldo y lo hervimos unos 30 minutos. Incorporamos la sal y el *curry* y lo pasa-mos todo por la batidora. Si es necesario, lo colamos. Tiene que quedar con consistencia, pero tampoco como un puré espeso. Lo dejamos enfriar y, justo antes de servir, añadimos la nata líquida, mezclándola con un batidor manual. Se sirve fría, aunque no helada. TEMPURA: disolvemos la harina con la cantidad de agua indicada en el mismo paquete. Cortamos las verduras muy finas, las pasamos por la mezcla de harina con un poco de sal y las freímos por inmersión.

Comentarios

El *curry* le da el toque definitivo sin que nadie se entere. La *vichyssoise* puede estar exquisita o muy mal hecha, a veces hay un exceso de crema de leche que la hace incomible por la cantidad de grasa que conlleva. Hay que ser estrictos con estas cuestiones. Si a alguien no le convienen estos produc-tos grasos, puede hacer lo mismo con leche, aunque, natural-mente, el resultado nunca es idéntico.

Ajoblanco

con uvas

Ingredientes para 4 personas ⏰ *20 min*

1 diente de ajo pequeño, 100 g de almendras tiernas peladas y crudas, la miga de pan de una rebanada de pan de 1/2 kg, 1 l de agua, sal, 25 cc de aceite, 4 ó 5 cucharadas de vinagre tradicional, 16 granos de uva moscatel.

Productos

Si no se tienen almendras de producción propia, es difícil poder elaborar este ajoblanco con la fruta tierna, ya que no se encuentra en el comercio en este estado. Si se tiene la ocasión, resulta de un sabor inmejorable. Recomendamos el uso del vinagre tradicional para respetar el clásico ajoblanco.

Procedimiento

Echamos el ajo, las almendras peladas, la miga de pan y 1/4 de litro de agua en el bote de la batidora. Lo trituramos hasta que la almendra se convierta en una pasta. Aclaramos la preparación con el resto del agua y la continuamos triturando. Condimentamos con el aceite, sal y el vinagre. Lo metemos en la nevera hasta que esté bien frío. Lo presentamos en cuencos individuales, con los granos de moscatel pelados.

Comentarios

El ajoblanco pertenece a la familia de los gazpachos andaluces, llamados *gazpachos blancos*. Los hay tan sencillos como, por ejemplo, los que se elaboran como un alioli aclarado con agua muy fría.

Gazpacho

Ingredientes para 4 personas ⏰ *45 min*

1/2 ajo pequeño, vinagre tradicional al gusto, 1/4 de l de agua, 1 kg de tomates maduros, 1 cebolla pequeña o 1/2, 1 pepino grande, 1 pimiento rojo, 100 cc de aceite, sal, pimienta, una cucharadita de café de comino en polvo. GUARNICIÓN: 2 huevos duros, 1 pimiento rojo, 1 pepino, 1 cebolla.

Productos

Es imprescindible para el éxito del gazpacho que tanto el aceite como el vinagre sean de calidad óptima. Aconsejamos el vinagre tradicional porque da el carácter propio al gazpacho.

Procedimiento

Troceamos los tomates y los metemos a mitades en un bote alto y un poco ancho. Añadimos el ajo, la cebolla en trozos, el pepino pelado y troceado, el pimiento igualmente en pedazos y el agua. Lo trituramos lo más fino posible y lo colamos. Echamos la sal, el comino, el vinagre y el aceite al gusto y lo volvemos a pasar por la batidora. Lo metemos en la nevera y lo dejamos reposar 3 ó 4 horas. Está más sabroso si ha reposado. GUARNICIÓN: preparamos un picadillo con los huevos, el pimiento, el pepino y la cebolla por separado para que cada cual elija lo que le apetezca.

Comentarios

Es sabido que hay quien suprime el aceite del gazpacho, es una lástima: viene a ser lo mismo que una ensalada sin aliñar. La cantidad indicada es la mínima para que la textura del plato esté untuosa y un poco cremosa. Debemos tener presente que hay recetas auténticas con mucha más cantidad de este producto de la que aquí exponemos.

Cocido de pescado

Ingredientes para 6 personas ⏰ *1 hora*

CALDO: 1 rape de 1 kg con su cabeza, 1 cebolla, 1 ajo, 1 ramita de tomillo, 2 l de agua, 2 patatas, 1 zanahoria, 1/2 brócoli, 200 g de garbanzos hervidos. **PICADA:** 25 g de almendras tostadas, 1 ajo, 1 ramillete de perejil, 1 guindilla pequeña, 1 cucharada de *brandy*, 2 cucharadas de harina, aceite, sal.

Productos

Verduras como el brócoli o legumbres como los garbanzos se asocian más a la carne que al pescado. Aquí se plantea así para obtener un plato con todos los complementos necesarios.

Procedimiento

CALDO: separamos la cabeza de la cola del rape y le quitamos las pieles y la espina de la cola. Cortamos la cebolla en trozos y la metemos en una olla con aceite hasta que esté dorada. Añadimos el ajo, el tomillo y la cabeza y la espina del rape. Lo cubrimos con 2 litros de agua y lo hervimos 1 hora a fuego lento. Escurrimos el caldo y comprobamos que quede 1 litro y 1/2. Lo volvemos al fuego, añadimos las verduras cortadas y lo cocemos 20 minutos. **PICADA:** echamos un chorrito de aceite en una sartén y añadimos el ajo, los piñones y la guindilla. En cuanto tomen color, añadimos la harina y removemos hasta que esté dorada. Lo recogemos todo con un cucharón de caldo y lo trituramos con el perejil y el *brandy*. Lo echamos en la olla, y también el rape a trocitos. Colocamos los mejillones en un colador para que se abran al vapor de la olla. Una vez cocidos, les quitamos las conchas y los agregamos a la sopa.

Comentarios

Ésta es una sopa que puede cumplir la función de plato único, acompañada de una ensalada fresca y fruta.

Gazpacho verde con bacalao

Ingredientes para 4 personas ⏰ *30 min*

4 pimientos verdes, 2 aguacates, 1 cebolla pequeña, el zumo de 1 limón, 6 yogures, 100 cc de aceite, sal, tabasco, 1/4 de l de agua. **GUARNICIÓN:** 250 g de bacalao remojado, 1 aguacate, 1 pimiento verde o rojo.

Productos

Los aguacates tienen que estar bastante maduros para que tengan la cremosidad característica que los convierte en suaves y sabrosos a la vez.

Procedimiento

Ponemos los pimientos, los aguacates, la cebolla, el zumo de limón, los yogures, el aceite, la sal, el tabasco y el agua en la batidora y lo trituramos hasta que esté fino como un puré. Lo aclaramos con el agua y, si quedan trozos de pimiento, lo colamos. Lo metemos en la nevera un par de horas hasta que esté frío. **GUARNICIÓN:** cocemos el bacalao en el microondas 2 minutos. Lo dejamos enfriar y lo cortamos a trocitos. Cortamos también el otro aguacate y el pimiento y servimos el gazpacho con el bacalao y las verduras.

Comentarios

Este gazpacho puede elaborarse sin agua, con lo cual resultará más cremoso. Si se añade agua, su resultado será más tipo bebida.

Sopa de tomate al diablo

Ingredientes para 4 personas ⏰ *30 min*

2 kg de tomates maduros, 2 ajos asados, 1 guindilla seca, aceite, sal.

Productos

La guindilla es el pimiento picante que se utiliza, tradicionalmente, en cocina mediterránea.

Procedimiento

Lavamos los tomates y los troceamos. Los echamos en la batidora, los trituramos y, seguidamente, lo colamos para evitar pieles y pepitas. Además, asamos 2 ajos. Los pelamos y los picamos en el mortero con la guindilla. Lo deseímos con aceite y lo echamos en el zumo de tomate. Lo salamos y lo servimos bien fresco o con cubitos.

Comentarios

Pimientos picantes, los hay de muy distintas clases. En cuanto a la cantidad, depende del paladar de cada uno. Estas sopas tipo zumo o sin cocción están más ricas elaboradas en el mismo día de su consumo, y conservan además las propiedades nutritivas.

Salmorejo con bolitas especiadas

Ingredientes para 4 personas ⏰ *45 min*

SALMOREJO: 2 kg de tomates maduros, 1 ajo, 1/2 pimiento rojo, 150 g de miga de pan, 100 cc de aceite, sal y vinagre al gusto. **BOLITAS:** 1/2 kg de picadillo de ternera, sal, pimienta, orégano fresco, nuez moscada. **GUARNICIÓN:** 1 pimiento verde, 1 cebolla.

Productos

El pimiento rojo es más dulce que el verde, ya que su estado de maduración está más avanzado. Aquí suaviza el ácido del tomate.

Procedimiento

SALMOREJO: ponemos los tomates troceados, el ajo, el pimiento y la miga de pan en un bote. Trituramos y cuando esté bien fino, condimentamos con el aceite, el vinagre y la sal. Una vez está listo, metemos el salmorejo en la nevera y dejamos reposar 3 ó 4 horas. Servimos muy frío. **BOLITAS:** mezclamos la carne con las especias y formamos las bolitas. Las cocemos de 5 a 10 minutos y dejamos enfriar. **GUARNICIÓN:** preparamos una juliana de cebolla y pimiento verde y aliñamos con aceite, sal y vinagre. Servimos el salmorejo con las bolitas frías y las verduras.

Comentarios

El salmorejo, como el gazpacho, hay que servirlo bien frío. Pueden añadirse cubitos de hielo aunque hay que ir con cuidado para que esté sabroso.

Crema de calabacín

Ingredientes para 6 personas  1 hora

1 kg y 1/2 de calabacines, 750 g de patatas, 2 cebollas, aceite, sal, pimienta, nuez moscada, 2 l y 1/2 de agua, 100 cc de nata líquida.

Productos

Los mejores calabacines son los de los meses de julio y agosto. Su piel es más clara de color, y su sabor más dulzón.

Procedimiento

Echamos un chorrito de aceite en una olla. Añadimos la cebolla cortada fina y la salteamos unos minutos, sin que tome color. Aparte, lavamos y cortamos los calabacines, sin pelarlos. Hacemos lo mismo con las patatas, quitándoles la piel. Lo echamos en la olla y lo cubrimos con el agua. Lo cocemos de 30 a 35 minutos. Lo condimentamos y lo trituramos hasta que esté bien fino. Lo dejamos enfriar en la nevera 3 ó 4 horas y, en el momento de servir, añadimos la nata líquida.

Comentarios

No hace falta pelar el calabacín, es en la piel donde se encuentra más sabor y color. En general esta crema queda fina sin necesidad de colarla. Es un plato de diario para hacerlo muy a menudo, ya que gusta a todos y ya es un clásico de nuestra cocina.

Gazpacho de berenjena con su crujiente

Ingredientes para 6 personas 35 min

1 ajo pequeño, 3 berenjenas asadas, 6 yogures naturales, aceite, sal, 1 cucharadita de comino, perejil, el zumo de 1/2 limón, 200 cc de agua. CRUJIENTE: 1 berenjena, aceite, sal.

Productos

La berenjena se asa directamente a la llama, lo que hace que su piel se agriete y se cueza con su propio vapor. De esta forma, la berenjena ofrece un sabor fresco y con sabor a ahumado. Su cocción en el horno no da el mismo resultado.

Procedimiento

Asamos las berenjenas a la llama, las enfriamos y las pelamos. Las echamos en el bote de la batidora con el resto de ingredientes. Lo trituramos todo hasta que esté fino y lo dejamos en la nevera 3 ó 4 horas. CRUJIENTE: cortamos 6 láminas de berenjena muy finas y las colocamos en una bandeja de horno con papel antiadherente debajo. Las aliñamos con aceite y una pizca de sal. Las tapamos con otro papel y colocamos un peso encima para que queden planas. Las metemos en el horno a 160 °C, 30 minutos. Una vez frías, estarán crujientes. Servimos la sopa con un crujiente.

Comentarios

Otra sopa fría, tipo gazpacho, con un sabor nuevo, y otra manera de transformar la berenjena en un plato.

Crema de champiñones

Ingredientes para 8 personas 1 hora

2 ajos puerros, 2 kg de champiñones, 4 cucharadas de zumo de limón, 3/4 de kg de patatas, aceite, sal, pimienta, nuez moscada, 2 l y 1/2 de agua, 100 cc de nata líquida.

Productos

Los champiñones son las setas cultivadas de las que podemos disponer todo el año. En la época de otras setas, como las negrillas, pueden utilizarse en su lugar.

Procedimiento

Echamos un chorrito de aceite en una olla, salteamos los ajos puerros a rodajitas y, antes de que tomen color, añadimos los champiñones bien limpios, troceados y rociados con zumo de limón. Los salteamos y, en cuanto empiecen a cambiar de color, añadimos las patatas y el agua. Lo cocemos todo de 30 a 35 minutos y lo condimentamos. Seguidamente, lo trituramos hasta que quede bien fino. Tiene que quedar con un poco de cuerpo. Dejamos enfriar la crema y, en el momento de servirla, añadimos la nata líquida.

Comentarios

Esta crema casera no queda tan blanca como la que se compra, debido a la oxidación de los champiñones. Para evitarlo, aparte de rociarlos con limón, es bueno cocer la crema en un recipiente esmaltado o que, al menos, no sea de aluminio.

Sopa de melón con espárragos envueltos

25 min

Ingredientes para 4 personas

1 melón de 3 kg, sal, pimienta negra, 50 cc de aceite, 6 tallos de cebollino. GUARNICIÓN: 8 puntas de espárragos verdes y frescos, 4 lonchas de salmón ahumado.

Productos

El cebollino es un tipo de cebolla que casi no forma bulbo y del que, de hecho, lo que más se aprovecha es el tallo. Se encuentra fresco o seco, nos inclinamos hacia el primero.

Procedimiento

Pelamos y cortamos el melón. Lo echamos en el bote de la batidora. Lo trituramos y lo condimentamos con sal, pimienta abundante y aceite. Cortamos el cebollino en rodajitas finas, lo añadimos a la sopa y la dejamos en la nevera un par de horas. GUARNICIÓN: echamos un chorrito de aceite en una plancha o sartén. Salteamos las puntas de los espárragos, vigilando que no tomen color. Las dejamos enfriar y las envolvemos una a una con el salmón. Servimos la sopa con dos espárragos por persona.

Comentarios

En estas elaboraciones en las que el producto es tan directo, es evidente que lo más importante es su calidad. Un melón insípido o verde puede destrozar el plato.

Crema de cebolla al hinojo

Ingredientes para 6 personas  1 hora

2 kg de cebollas, 3/4 de kg de patatas, sal, pimienta, aceite, 2 l y 1/2 de agua, 100 cc de nata líquida, 2 ó 3 ramitas de hinojo fresco.

Productos

El hinojo es una planta que crece espontáneamente en los países mediterráneos. Los primeros brotes se ven al empezar la primavera y se alarga fresco hasta mediados de julio, posteriormente sale su flor y se va secando. Su aroma es anisado y perfumado, hay que utilizarlo con prudencia.

Procedimiento

Echamos aceite en una olla y salteamos la cebolla cortada fina. Cuando empiece a tomar color, añadimos las patatas a trozos. Incorporamos el agua y lo hervimos de 30 a 35 minutos. Condimentamos con sal y pimienta e introducimos las ramas de hinojo. Tapamos el recipiente para obtener una infusión con la planta. En 5 ó 6 minutos, retiramos el hinojo. Lo trituramos hasta que quede bien fino. Si es necesario, lo colamos. Lo dejamos enfriar y, en el momento de servir, lo mezclamos con la nata líquida. Servimos con hinojo picado fino espolvoreado en la superficie.

Comentarios

Hay que estar seguro de que el sabor del hinojo guste, ya que para algunas personas puede resultar desagradable e, incluso, repelente.

Crema de zanahoria con crujiente de parmesano

Ingredientes para 4 personas 1 hora

CREMA: 1 puerro, 1 patata grande, 1 kg de zanahorias, 2 l y 1/2 de agua, sal, pimienta blanca, 1 cucharada de granos de cilantro, aceite, sal. CRUJIENTE DE PARMESANO: 250 g de parmesano en polvo.

Productos

El cilantro es una especia de la que se pueden consumir las hojas frescas o las semillas en forma de granito. Se utiliza mucho en pastelería tradicional y tiene un sabor ligeramente anisado.

Procedimiento

CREMA: rehogamos el puerro en rodajitas con un poco de aceite, sin que tome color. Pelamos y cortamos las zanahorias a rodajitas, las echamos a la olla y lo cubrimos con el agua. Añadimos la sal. Cuando esté blando, agregamos la pimienta y el cilantro. Lo trituramos hasta que quede como un puré. CRUJIENTE DE PARMESANO: preparamos una sartén de 20 centímetros de diámetro y nueva. La calentamos un poco y echamos el polvo de parmesano, haciendo una lámina fina y sin agujeros, como una crep. Esperamos a que se dore y, con un tenedor, la despegamos y le damos la vuelta. La doramos por el otro lado. Una vez terminado, la dejamos en una superficie fría. En unos 10-15 minutos rompemos el crujiente en trozos irregulares y servimos uno en cada plato o cuenco con la crema.

Comentarios

Hay que cortar bien finas las zanahorias para evitar alargar el proceso de cocción.

Ajoblanco con sandía y melón

Ingredientes para 4 personas ⏰ 25 min

2 ajos, 100 cc de aceite, 200 g de miga de pan, 2 l y 1/2 de agua, sal, vinagre, una pizca de comino, 1 trozo de sandía y 1 trozo de melón.

Productos

El comino es una especia de la familia de los anises con un sabor especial y penetrante muy utilizada en cocina árabe.

Procedimiento

Picamos los ajos en el mortero y añadimos el aceite poco a poco hasta conseguir una emulsión. Añadimos el agua y lo pasamos a otro recipiente con la miga de pan mojada en vinagre y el resto del agua. Lo condimentamos con la sal y el comino y lo metemos en la nevera al menos 3 ó 4 horas. Antes de servir, cortamos cubos de melón y sandía y los colocamos en una fuente con una cuchara para que cada uno se sirva los que quiera en el ajoblanco.

Comentarios

El ajo, si se pica en el mortero, suelta un sabor más perfumado y penetrante que si lo cortamos. Este plato está más sabroso si se ha cocinado el día antes de su consumo. Una elaboración que sale, prácticamente, de la nada.

Sopa oriental

Ingredientes para 4 personas ⏰ 25 min

1 l de caldo de pollo clarito, 2 tallos de apio, 100 g de tirabeques, 1 zanahoria, 4 ó 5 setas chinas, 150 g de fideos de huevo o de arroz, 4 cucharadas de salsa de soja, 2 cucharadas de harina de maíz, 2 cebolletas, 2 cucharadas de cilantro, 1 cucharadita de 5 especias: pimienta, anís, hinojo, clavo, canela, 4 cigalas.

Productos

Los tirabeques, también llamados *guisantes mollares*, son una variedad de guisantes tiernos que se consumen antes de desarrollar el grano. Se comen, pues, con la vaina, y el secreto de su punto es que la cocción sea mínima. Si se cuecen más de 3 minutos contados, pierden su textura crujiente.

Procedimiento

Ponemos el caldo en el fuego con la salsa de soja, la harina de maíz disuelta en frío, las 5 especias, las setas y los fideos. Al cabo de 5 minutos, añadimos los vegetales cortados en juliana y los tirabeques enteros. Lo cocemos 3 minutos más a fuego vivo. Antes de servir la sopa, echamos el cilantro picado y las cigalas marcadas a la plancha con unas gotas de aceite y sal.

Comentarios

Una sopa original, contrastada y buenísima. No valen prejuicios, sólo hay que probarla.

Crema de setas de cardo

Ingredientes para 4 personas 1 hora

2 ajos puerros, 2 kg de setas de cardo, 4 cucharadas de zumo de limón, 3 patatas, aceite, sal, pimienta, nuez moscada, 2 l y 1/2 de agua, 100 cc de nata líquida.

Productos

Las de cardo, aparte de las salvajes, son setas cultivadas de las que podemos disponer todo el año. También se pueden utilizar setas frescas en su tiempo.

Procedimiento

Echamos un chorrito de aceite en una olla, salteamos los ajos puerros bien picados y, antes de que cojan color, añadimos las setas bien limpias, troceadas y rociadas con zumo de limón. Las salteamos un momento y, cuando empiecen a cambiar de color, añadimos las patatas y el agua. Lo cocemos todo de 30 a 35 minutos y lo condimentamos. Seguidamente, lo trituramos hasta que quede bien fino. Tiene que quedar con un poco de cuerpo. En el momento de servir, añadimos la nata líquida.

Comentarios

La nata líquida ayuda a aterciopelar las cremas. No se debe abusar de ella para no rebajar el sabor de la base y para no engrasar el plato excesivamente.

Bullabesa sencilla

Ingredientes para 4 personas 1 hora

1 l y 1/2 de caldo de pescado, 5 g de hebras de azafrán, 1 congrio de 300 a 400 g, 1 cucharada de anís seco, 1 merluza de 1 kg, perejil, 6 rebanadas finas y pequeñas de pan de barra, aceite, ajo, sal, pimienta.

Productos

El anís se puede sustituir por granos de anís verde, conocido también como *matalahúva*. Hay que utilizarlo en su justa medida. El congrio es un pescado muy sabroso, largo y de color gris que da consistencia e intensidad a las sopas.

Procedimiento

Ponemos el caldo en el fuego con el congrio y lo cocemos 15 minutos. Añadimos la merluza y, pasados 10 minutos más, lo colamos. Quitamos las espinas de la merluza y la desmigamos. Aprovechamos también la carne del congrio. Arrimamos de nuevo el caldo al fuego y echamos el azafrán, el anís, sal y pimienta. Lo hervimos 15 minutos a fuego lento. Aparte, tostamos las rebanadas de pan en el horno para que adquieran un tostado homogéneo y crujiente. Las frotamos ligeramente con ajo y las aliñamos con un chorrito de aceite. Servimos el caldo en sopera, las migas del pescado en una fuente y las rebanaditas de pan en otra para que cada cual se sirva como quiera.

Comentarios

El anís tiene que hervir un poco y el azafrán también. La sopa debe quedar con una tonalidad amarillenta; de no ser así, se debería echar más azafrán. Se puede tener el caldo preparado ya con el sabor del congrio, el anís y el azafrán, y hervir la merluza en él en el último momento.

Crema de habas con brocheta de rape y *romesco*

Ingredientes para 4 personas 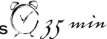 35 min

CREMA: 1 kg de habas sin vaina, 1 patata, 4 ajos tiernos, 2 l de agua, sal, una ramita de hierbabuena o de menta, aceite. RAPE: 1/2 kg de rape limpio de pieles y espinas. SALSA: 1 ajo asado, 1 cucharadita de pimentón dulce, 25 g de almendras tostadas, aceite, sal, vinagre, 6 hojitas de menta.

Productos

Las habas son legumbres de primavera, aunque se pueden adquirir todo el año congeladas o en conserva.

Procedimiento

CREMA: cortamos los ajos tiernos en rodajitas y los salteamos con un poco de aceite. Añadimos la patata en trocitos y las habas. Echamos el agua y lo cocemos 25 minutos. Mientras se enfría, introducimos la hierbabuena. Tapamos el recipiente para obtener una infusión. Lo trituramos todo y lo colamos para evitar las pieles de las habas. SALSA: echamos todos los ingredientes en una trituradora, vigilando que la salsa no resulte excesivamente fina. RAPE: lo cortamos en rodajas y las marcamos a la plancha con un poco de sal, siempre justo en el momento de servir la crema. Servimos la crema en cuencos con la brocheta y un cordón de salsa por encima, que goteará en la crema.

Comentarios

Antiguamente las sopas o purés de habas se hacían cuando ya estaban muy granadas. Recomendamos elaborar ésta con habitas tiernas y de la época, resulta mucho más fresca y actual.

Olla de pescado

Ingredientes para 4 personas  1 hora

1 kg de pescado de sopa entre cabeza de rape, morralla, cangrejos y galeras, 2 l de agua, 4 patatas, 1 cucharada de harina. PICADA: 2 ajos, perejil, 4 patatas, 25 g de almendras tostadas, 1 guindilla pequeña, 1 cucharada de harina, sal, aceite, pimentón dulce.

Productos

La harina tostada es el equivalente del pan tostado pero con harina. Se prepara en una sartén vieja o de hierro, directamente al fuego y removiendo constantemente con una cuchara de madera, todo bien seco.

Procedimiento

Preparamos un caldo sencillo con el pescado cubierto de agua 30 minutos. Lo colamos. Aprovechamos la carne del rape y la reservamos. PICADA: machacamos el ajo, el perejil, las almendras, el pimentón y la guindilla en el mortero hasta obtener una pasta. Echamos un chorrito de aceite en una sartén y freímos la *picada* durante sólo unos segundos. Enseguida la recogemos con un cucharón de caldo y la añadimos a la olla. Incorporamos las patatas troceadas. Lo cocemos unos 20-25 minutos o hasta que las patatas estén blandas. Además, tostamos la harina en una sartén seca, la disolvemos con agua, la echamos en la olla y lo cocemos todo junto 10 minutos más.

Comentarios

Este plato es un buen ejemplo de cómo una *picada* puede llegar a dar tanto sabor a una elaboración.

Crema de escalivada con anchoas

Ingredientes para 6 personas ⏰ 1 h y 1/4

CREMA: 4 cebollas, 3 pimientos rojos, 2 kg de tomates maduros, sal, aceite, 1 l y 1/2 de agua. GUARNICIÓN: 1 lata de anchoas, 1 rebanada de pan cortada en cubos, aceite.

Productos

El pimiento rojo es más dulce que el verde porque está más maduro. El verde es indicado para salsas más fuertes o mezclas más amargas.

Procedimiento

CREMA: asamos los pimientos y la cebolla en el horno a 180 °C, 1 hora o hasta que estén blandos. Los dejamos enfriar y los pelamos. Hacemos lo mismo con los tomates aunque con menos tiempo, unos 20-25 minutos. Los pelamos igualmente. Lo echamos todo en la trituradora con aceite y sal. Según resulte la textura, podemos añadir 1/4 de litro de agua. Lo colamos y lo dejamos enfriar. GUARNICIÓN: freímos los tropezones de pan por inmersión, es decir, en un buen volumen de aceite. Los escurrimos y los dejamos enfriar. Servimos la crema con los tropezones y un picadillo de anchoas.

Comentarios

Esta crema podría ser un recurso para aprovechar la escalivada sobrante de otra comida, aunque también se puede elaborar adrede.

Crema de patata con vodka y caviar

Ingredientes para 4 personas ⏰ 40 min

4 patatas monalisa hervidas con piel, 200 cc de nata líquida, 200 cc de leche, sal, pimienta, 100 cc de vodka, 1 latita o bote de caviar de arenque, flores o hierbecillas para adornar.

Productos

Como es sabido, el caviar proviene de las huevas de esturión, que se encuentran a un precio elevado. Se pueden sustituir por huevas de arenque.

Procedimiento

Una vez hervidas y tiernas, pelamos y troceamos las patatas. Las metemos en un cazo con la nata, la leche, sal, pimienta y el vodka. Lo llevamos todo a ebullición y lo cocemos de 10 a 15 minutos, vigilando que no se pegue. Lo trituramos hasta que quede bien fino. Servimos en copas con el caviar y unas cuantas hierbecillas o flores para adornar.

Comentarios

Ésta es una crema que se puede servir tanto fría como caliente. En el primer caso, hay que dejarla un poco clarita, ya que después, en frío, toma más cuerpo.

Crema de espínacas con requesón

Ingredientes para 6 personas ⏰ *35 min*

1 ajo puerro, 2 kg de espinacas frescas, aceite, 100 g de mantequilla, 100 g de harina, 1 l y 1/2 de leche, 1 l de agua, sal, pimienta, 200 g de requesón.

Productos

Si las espinacas se compran congeladas, con un paquete de 1/2 kg será suficiente.

Procedimiento

Picamos el ajo puerro tan pequeño como podamos y lo echamos a la olla con el aceite. Cuando empiece a dorarse, añadimos la mantequilla y, una vez derretida, incorporamos la harina. Removemos hasta que todo se una. Incorporamos la leche y removemos con el batidor de varillas para evitar posibles grumos. Lo condimentamos con sal y pimienta y, cuando haya hervido 5 minutos, añadimos las espinacas bien limpias y escurridas. Lo cocemos 5 minutos más. Apagamos el fuego y lo trituramos hasta que todo quede bien fino. Lo dejamos enfriar y, en el momento de servir, añadimos trocitos de requesón.

Comentarios

Las espinacas, para que queden sabrosas, no se deben cocer más de los 5 minutos indicados. La crema se puede hacer el día antes y, si espesa demasiado, se añade un poco de agua o leche. La primavera todavía es época de espinacas. En verano se pueden utilizar congeladas.

Sopa de rape

Ingredientes para 6 personas ⏰ *1 h y 1/4*

1 l y 1/2 de caldo de pescado oscuro, 250 g de pan tostado al horno, 1 rape pequeño (de 500 a 750 g), 50 g de piñones, 25 cc de *brandy*, sal, pimienta.

Productos

El rape, por sí solo, daría poco sabor a la sopa, por eso hay que partir del caldo hecho y añadir, además, la fuerza del rape.

Procedimiento

Ponemos el caldo al fuego con el rape, cabeza y cola incluidas, pero separadas. Pasados 10 minutos, retiramos y reservamos la cola. En cuanto esté un poco fría, la cortamos en cubos. Pasados 20 minutos, colamos el caldo. Lo volvemos al fuego, incorporamos el pan tostado y lo batimos con las varillas. Pasados 20 minutos más, añadimos la carne del rape, los piñones picados y el *brandy*. Lo hervimos 15 minutos más para que se concentre.

Comentarios

Cuando se utiliza *brandy* en cocina hay que tener en cuenta que tiene que hervir un buen rato, de no ser así, se le notaría un sabor fuerte a alcohol crudo. Esta sopa se puede tener acabada ya en la nevera o en el congelador. Una vez haya hervido unos minutos, recupera el buen aspecto de recién hecha.

Sopa de aguacate

Ingredientes para 6 personas  35 min

6 aguacates, 2 l de agua, 4 cucharadas de salsa de soja, 4 cucharadas de zumo de limón, sal, pimienta. GUARNICIÓN: 4 tomates, 1 pimiento pequeño, 1 cebolla pequeña, un trocito de guindilla, aceite, sal, limón.

Productos

La salsa de soja es un extracto, producto de esta legumbre, que se utiliza mucho en cocina oriental como condimento.

Procedimiento

Pelamos los aguacates y les quitamos el hueso. Los ponemos en el bote de la batidora con el zumo de limón, la salsa de soja, sal, pimienta y la mitad del agua. Lo batimos todo hasta que esté fino y añadimos el resto del agua. Lo ponemos en la nevera mientras preparamos la guarnición. GUARNICIÓN: pelamos los tomates y les quitamos las semillas. Los cortamos en pequeños cubos, y también el pimiento, la cebolla y la guindilla. Lo mezclamos todo en un bol y lo aliñamos con sal, aceite y limón. Servimos la sopa y, aparte, las verduritas, para que cada cual elija a su gusto.

Comentarios

Los aguacates tienen que estar bastante maduros para que tengan la cremosidad característica que les da suavidad y sabor a la vez.

Sopa de cebolla y setas

Ingredientes para 6 personas 1 hora

1 l y 1/2 de caldo de pollo o vegetal, 3 cebollas, 200 g de setas congeladas, 2 cucharadas de harina, 6 rebanaditas de pan de barra de medio, 50 g de queso rallado, sal, aceite.

Productos

Las setas congeladas resultan sabrosas y están bien de precio. Son muy recomendables para elaborar esta sopa.

Procedimiento

Cortamos la cebolla en una juliana finísima y elaboramos un sofrito oscuro con una cantidad mínima de aceite. En un primer momento, a fuego fuerte para conseguir un buen color dorado, y, a continuación, bajamos el fuego, tapamos la olla o la cazuela y rehogamos la cebolla echando pequeñas cantidades de agua. Añadimos las setas y las salteamos en el aceite con la cebolla. Agregamos la harina y removemos bien. Echamos el caldo de inmediato y lo cocemos 30 minutos a fuego lento. Distribuimos la sopa en ollas individuales. En cada una ponemos una tostada, la espolvoreamos con el queso y la gratinamos.

Comentarios

La cebolla tiene que quedar tierna. Es una sopa de sabor fuerte y penetrante.